なぜ、イスラームと衝突し続けるのか

文明間の講和に向けて

Masanori Naito
内藤正典

明石書店

なぜ、イスラームと衝突し続けるのか——文明間の講和に向けて　目次

増補版まえがき

二十年前、九・一一同時多発テロ事件に報復するために、アメリカとNATOはアフガニスタンに戦争を仕掛けました。当時、アメリカが「イスラームを敵とするのではない。これはテロとの戦争だ」と主張していましたが、私は、ムスリムから見れば「イスラームとの戦争」に見えていることに危機感を抱きました。

この戦争が、いずれ、西欧世界とイスラーム世界との関係をひどく悪化させていくきっかけになると考えていたからです。二〇二一年、アメリカ軍とNATO軍は、ついにアフガニスタンから撤退し、二十年にわたる占領統治は失敗に終わりました。そして、二十年前に追放されたタリバンが復活しました。

二〇〇一年のテロと戦争が起きる以前、西欧世界とイスラーム世界とのあいだの関係は、どのようなものだったのか。そして、その当時の西欧からのイスラーム誤認とはどんなものだったのか。原著は、これらに焦点を当てて、私の問題意識をかたちにしたものです。

本書の特徴として、できるだけムスリムという人間に光を当てるようにしたことを挙げておきたいと思います。当時も今もそうですが、イスラームというと、各種のイスラーム主義組織や国際政治の話に関心が集まるのに対して、現実のムスリムの人間像を取り上げることは少ないと感じています。

人を知らずに、政治の動きを語ることの危うさは、イスラームという異なる宗教文明の下で生きる人びとについて、より深刻です。人としてのムスリムが、何に悲しみ、怒り、喜ぶのかを知らずに、国家を単位として論じることは、いまでもイスラーム世界を論じるにあたって最大の問題です。ムスリムは、遠く離れた国で起きた同じ信徒への悲劇を瞬時に我がこととして激しく憤るからです。危機に際して、急激に「一つになる」という意識が高まるムスリムという人間を、西欧世界はあまりに知らなかったのです。

本書は、長らく品切れになっていた原著に、その後の二十年の変化を新たに書き下ろした終章を加え、増補版として改めて世に問うものです。なお原著の記述は、書いた時点のものであるため、現在判明している事実とは異なることもあります。

1　誰の犯行か？

テロという「戦争」からテロとの「戦争」へ

この本を書き始めるにあたって、二〇〇一年九月十一日の同時多発テロ事件で犠牲になったすべての人びととその家族に心からの哀悼の意を表したいと思います。そしてアフガニスタンでの「戦争」、この数か月の激しい衝突の犠牲になったパレスチナとイスラエルの人びとにも同じく哀悼の意を表したいと思います。

そのうえで、初めにどうしても触れておかなければならないことがあります。同時多発テロ事件は、誰の犯行だったのか、そして事件はなぜ起きたのかということです。その後のアフガニスタンでの戦争、そしてイスラーム世界からの激しい反発。すべては、あの事件から始まりました。しかし、事の発端を考えると、私は、どうしても立ち止まってしまいます。

アメリカ政府は、事件後すぐに、ウサマ・ビン・ラディンという人物と彼が率いるテロ組織のアル・カーイダによる犯行だと声明を出しました。そして、ウサマ・ビン・ラディンらはアフガニスタンにいて、タリバンというイスラーム原理主義組織によって匿われていると説明しました。

その次にアメリカ政府は、ウサマ・ビン・ラディンらの組織を壊滅させることが、テロ根絶のために必要だとして、世界の国々に向けて、「アメリカとともに、テロと戦う国際的な連帯に参加するのか、それともテロリストの側に立つのか」という二者択一を迫りました。これに対して、西欧諸国や日本、そしてイスラーム世界の諸国も、非道なテロを許さないこと、そしてテロを根絶するために戦うことを宣言しました。

何の罪もない人間を巻き添えにするテロは、いうまでもなく非道であり、卑劣極まりない行為です。たとえ何らかの政治的な目的を達成するためであったとしても、手段としてテロに訴えることには、いかなる正当性もありません。この点では、世界の国々は一致しておりました。

それでは、どうやってテロと戦えばよいのでしょうか。第一の方法は、まず犯罪捜査です。一体、誰が、何の目的で、どのようにしてあれだけの重大な犯罪を犯したのかを追及することです。テロというのは、実行犯とその背後にいる組織の連携がなければ不可能です。実行犯は全員死亡しましたが、仲間は必ず生きています。共犯者たちを徹底して追及し、法の裁きを受けさせることは、なによりも必要なことです。

第二には、あれだけの用意周到なテロを起こすには、相当の知性と技能をもった犯行集団、準備期間、それに資金が必要です。したがって、犯行集団の組織とメンバーを特定することはもちろん、その資金ルートを解明し、遮断しなければなりません。誰が資金を供給したのか、それをどうやって実行犯に渡したのか、こういう資金は、支出した人間から実行犯の手に渡るまでに、マネー・ロンダリング（資金洗浄）されているはずですから、経路だけでなく、きれいなお金にすりかえた人間も捕らえなければなりません。

そして第三に、テロそのものはどれほど卑劣で許されざる犯罪であるにせよ、背景となっている原因があるはずです。それを突き止め、解消しなければなりません。今回のように、犯人自身が自殺するテロの場合、相当の覚悟がなければ実行できません。この点で、実行犯が逃亡するというテロに比べて、目的への確信を持っていたことに疑問の余地はありません。

したがって、将来、同じ動機でテロがくり返されることを抑止するためには、テロ行為の目的を確信させるにいたった原因を究明することが必要です。ただしこの点については、今回のテロ事件に何の犯行声明も出ていないことに注意が要ります。

事件直後から、イスラーム組織の関与が指摘されたために、パレスチナ問題でイスラエル寄りの姿勢を取り続けたことをはじめ、アメリカの中東外交に対する不満が爆発したという見方もありました。アメリカが超大国として世界の富を独占していることに対する貧しい世界の不満が爆発したという説もありました。

これらの説は、一定の説得力を持ってはいますが、如何せん、犯人が何の声明も出さない限り、原因として特定することはできません。それに、誰の犯行であるのかが分からないうちに、原因をあれこれ議論することは、ムスリム（イスラーム教徒）が事件の前からアメリカや先進国に対して強烈な敵意を抱いていたことを定説化してしまう恐れがあります。

たしかに不満を抱いていたことは否定できないのですが、そのように決めつけてしまうと、アメリカやヨーロッパ諸国、そして日本に暮らしている多くのムスリムに対する偏見や差別を助長する恐れがあります。この点で、私には、十分な証拠もないままテロ事件の背景となる原因を詮索することには躊躇せざるをえないところがあるのです。

さて、先にあげた対策のなかで、アメリカ政府は最初の二つを直ちに実施しましたが、三番目の背景となる原因については無視しました。テロの被害があまりに大きかったこととアメリカ本土がテロリストの標的にされたことに対する屈辱と怒りで、原因を冷静に考える余地は残っていなかったからだと思われます。

そしてアメリカは、もう一つの行動を実行に移しました。それがアフガニスタンを実効支配するタリバンに対する「戦争」でした。ブッシュ大統領は、このテロ事件をテロリストによるアメリカへの宣戦布告だと断定し、アメリカもまたテロリストに宣戦布告すると宣言したのです。

　事件から数日後には、テロ実行犯のリストが発表されました。そして彼らの背後にウサマ・ビン・ラディンとその組織があると断定され、さらに、ビン・ラディンらを匿っているアフガニスタンのタリバンも同罪とみなされました。

　こうして、戦争の相手は決まりました。タリバンは、アフガニスタンのおよそ九割を支配していました。この支配地域が攻撃の対象になり、十月七日、ついに空爆が開始されました。

　空爆開始の直前、アメリカ政府はイギリスや日本など、同盟国の政府に対して、ウサマ・ビン・ラディンらが犯行に関与したことを示す証拠を提示しました。イギリス政府は、十月四日にこの証拠を公開しました。

　しかしイギリスの新聞ガーディアンが、「これが証拠？」と疑問符をつけたように、それは状況証拠だけで、ウサマ・ビン・ラディンとテロ事件を結びつける直接的な証拠は示されませんでした（日本語によるイギリス政府発表の「証拠」は、雑誌『世界』二〇〇一年十二月号岩波書店に掲載されています）。

　イギリス政府もアメリカ政府も、決定的な部分は、諜報活動に関わるので公表できないと説明しました。もしこれが真実なら、それも仕方のないことでしょう。しかし、政府だけがその真実を握っていて、国民にはそれを知らせるわけにはいかない、というのならば、その後に政府が国家の名のもとに行なう行為に対して、国民は責任を負うことができません。

国家の中枢を占める政治家や行政官だけが真実を知り、市民はそれを信じて、政府についいて来なさい——これは民主主義の原則に反します。子どもっぽい戯言と言われようと、私は、証拠に基づいた法の裁きというプロセスを経ずに、ある人物とその組織を犯人と決めつけることはできません。

ましてや、想定された犯人を隠匿しているという理由で、アフガニスタンのタリバンという政治勢力を攻撃することにも正当性はありませんでした。さらに、いうまでもないことですが、「これは戦争なんだ」という一言で、無辜の民を犠牲にすることは、テロと同じく許すべからざる犯罪に他なりません。

いったいどうして、あいまいな証拠をもとに、国家が人間を傷つけたり命を奪う行為を正当化できるのでしょうか。アメリカでは、空爆後一か月を経た時点で、九〇%もの人びとがアフガニスタンへの攻撃を支持しておりました。暴力に対して暴力をもって撃ち、血に対して血をもって報いようとする人びとは、自らの生命というものを、力によってしか確かめる術をもたないのでしょう。

あいまいな証拠から創られた戦争のレトリック

同じことは日本という国にも当てはまります。いったいどうして、多くの日本人は、このあいまいな証拠にもとづく「戦争」に反対しなかったのでしょうか。アメリカから日本のメディアにもたらされた情報は、ウサマ・ビン・ラディンと彼の武装イスラム組織アル・カーイダ、そして「ユダヤ人と十字軍に対する国際イスラーム戦線」が、テロ事件の犯人だという前提から出発していました。

日本のジャーナリストたちは、この「定説」を自ら検証する術を持っていなかったのでしょうか。かなりの程度まで、そうだったと言ってよいと思います。そのため検証できない「証拠」の次に、アフガニスタンへの武力行使が来たときにも、ジャーナリストは少数の例外を除いて批判の論陣を張ることはありませんでした。

もともと日本のナショナリズムを鼓吹してきた新聞や雑誌は、ここぞとばかりにアメリカの軍事行動に協調し、なかには「日の丸を立てる秋」などというタイトルを掲げた雑誌も現れました。テロ事件からアフガニスタン侵攻にかけて、日本という国は国際社会に貢献するのだと言いつつ、実態はひどく内向きで、アメリカの顔色をうかがいながら、国内では日本の政治的・軍事的プレゼンスを強調することに汲々としていたことが分かります。

その一方で、この種のメディアやジャーナリストは、テロ事件では日本人も犠牲になった、日本もテロの標的になる、文明社会と野蛮の戦いに日本が加わらなくてどうする、当事者意識を持て！　と檄を飛ばしておりました。

当事者であることはそのとおりですし、テロ根絶のために日本も戦わなければならないのもそのとおりです。しかしながら、だからアメリカが採用した「戦争」という選択肢に対して、留保なしに賛同し追随する根拠はありません。

テロ根絶のための戦いと国際貢献には、さまざまな選択肢があります。この中から軍事行動を極端に重視することの妥当性について、日本のジャーナリストも政治家も十分な議論をした形跡はありませんでした。最大の同盟国アメリカが戦争でいくなら、我が国も戦争でいくというのでは、日本という国家の主体性のなさ、独自の世界認識のなさをさらけだしたようなものであります。

アフガニスタン情勢について、アメリカから伝わる情報は、「大本営発表」ではなかったでしょうか。私自身は戦後生まれですが、戦時中の大本営発表が、戦況をいかに日本に都合よく伝え、メディアもそれを批判できず、日本人の判断力を奪ったことを何度も聞かされてきました。

勝っているんだ、あと一歩で大勝利だ、こちらも被害を受けたが敵にも相当なダメージを与えた、圧倒的な敵戦力の前に獅子奮迅の働きをした、自らの命も顧みず勇猛果敢に敵艦に体当たりした――戦争が始まってしまうと、国民に戦意を発揚させるために嘘をつくのは国家の常であります。

戦争の原因と目的が何であれ、戦争という行為が、必ず民間人の犠牲をともなうことを私たちは忘れたのでしょうか。ひとたび戦端が開かれてしまえば、あとはプロの軍人たちによる作戦行動が進められるだけです。そのなかでは、「これは戦争なのだから」という一言で、犠牲者の家族の悲嘆と怒りの声など掻き消されてしまいます。これは、戦争というものの不変の真理であります。

今回の戦争に関する報道をみておりますと、日本人はかつての「大本営発表」の記憶を喪失してしまったように思えます。空爆が開始された後、大勢の日本人ジャーナリストが、アフガニスタンの現地から戦況を伝えていました。彼らはみな、北部同盟の支配地域から、リポートしていたことにお気づきになったでしょうか。

北部同盟はタリバンに敵対する勢力ですから、そこに客分として滞在するジャーナリストは、北部同盟の意向のままにリポートすることになります。北部同盟側のスポークスマンたちがいうことを、批判的に、裏づけをなす証拠を取りながら報道することなどできたのでしょうか。

私がニュースを見ていた限りでは、彼らは総じて、北部同盟の公式発表を丸ごと伝えているようにしか見えませんでした。テレビ局は、戦場からの生のリポートであることをうたい文句にして、決死の取材であるかのごとく見せていましたが、こういう脚色をすればするほど、「大本営発表」のいかがわしさを増すことになります。

なかには、タリバンがいかに極悪非道な連中かを伝えるリポートもありました。戦争中に、一方が敵対する相手に関する情報を与えるのは謀略戦の常識ですが、それをそのまま電波に乗せて日本で報じるのでは、ジャーナリストとして責任を果たすことはできません。

女性を抑圧するタリバン、女性に教育を与えないタリバン、戦慄の公開処刑をするタリバン、子どもの臓器を売買するタリバン等々、タリバンに対するネガティブ・キャンペーンは、それこそおどろおどろしいものが数多く出回りました。

タリバンが行なった行為を断罪することは自由です。しかし、戦時において、敵方がこの種の情報を流したときに、「女性の人権を抑圧するタリバンはけしからぬ」といきり立ってしまうなら、結果として、タリバンへの攻撃を正当化するレトリックに乗ってしまうことになります。日本のジャーナリズムは、そのことの危険性をどこまで認識していたのでしょうか。

この点で、私が読んだなかで、もっとも冷静に評価していたのは、アフガニスタンで長年にわたって医療活動を続けてきた中村哲医師の文章でした。雑誌『世界』の二〇〇一年十二月号で、中村氏は北部同盟サイドからの情報に踊らされることを戒めています。北部同盟自体が、略奪、殺人、強姦など、およそ非道な行為をくり返して、アフガニスタンの住民を全土で恐怖に陥れたことを間近に見ていた彼の発言には、信憑性があると思えたのです。

「タリバンとしては道徳的な面もきちんと是正していこうとしたのでしょう。だから人びとがほっとした、それで各地域でタリバンを受け入れたのだと思います。そうでなければ、たった一万五千人で、ソ連の十万からの大軍でも制圧できなかったアフガニスタンの九割近くを掌握することはできなかったのではないでしょうか」（同誌、六四～六五ページ）

誤解なさらないでいただきたいのは、私は「タリバンの行為が正当なものだ」と申し上げているのではありません。女性に対する人権抑圧を許すことはできませんし、戦争にあけくれているうちに、ウサマ・ビン・ラディンのような扇動家たちの経済的支援を受けるようになったことは大きなまちがいです。

しかしこれらの行為から、タリバンに対して「戦争」を起こすこと、さらにタリバン支配地域の人びとを犠牲にしてよいという論理を導き出すことはできません。タリバンの人権抑圧を止めさせることが目的なら、戦争という手段を第一選択にすることはありえないはずです。

この間、日本政府は、アフガニスタンに対するアメリカと同盟国による「テロとの戦争」が正当なものだという姿勢をとってきましたが、国会での首相の答弁や記者会見での官房長官の発言を聞いても、日本政府が独自に入手した情報にもとづいて、独自に判断したようには思えませんでした。

すべてが、戦争当事国であるアメリカ発の情報でした。ただ、日本の外務省が何も情報を得ていなかったわけではありません。南西アジアや中東地域の専門家たちは、懸命に情報を収集したはずです。しかし、それは意思決定をする政権の中枢には伝わらなかったようです。

後で詳しく説明しますが、イスラーム教徒はアメリカの攻撃が無実のイスラーム教徒を巻き添えにすればするほど、世界中で怒りを募らせていました。なかでも隣国パキスタンで、アフガニスタンの多数派と同じパシュトゥンという民族に属する人たちの怒りは相当なものでした。

このような状況で、難民支援にせよ、他の目的にせよ、自衛隊をパキスタンに派遣する話が日本の与党から上がっていたのは驚くべきことでした。軍隊に限らず、独自に情報を収集する能力がなければ状況判断などできるはずがありません。アメリカ発の「大本営発表」に頼ることの危うさは、国家からジャーナリズム、そして市民にいたるまで広く日本社会を覆い尽くしていたようにみえます。

「誰が犯人か?」——認識のずれ

この問題は、いうまでもなく「誰が犯人か?」という最初の前提にも大きく関わってきます。アメリカはもちろんのこと、日本や西欧諸国の政府もメディアも、すべて最初からウサマ・ビン・ラディンとその一味が黒幕と決めていました。しかし、世界中で皆がそう思っていたわけではないのです。

中東・イスラーム世界では、イスラエルが関与した、あるいはアメリカ国内の何らかの組織の犯行と考える人びとが少なくありませんでした。中東のなかでは、もっとも西欧諸国と緊密な関係にあるトルコでも、サバーハという新聞のインターネット上の世論調査では、どの国が関与したと思うかという問いに対して、八七%の答えがイスラエルでした。その後、ニューズウィーク誌に掲載されたパキスタン国内での世論調査でも、過半数の人がイスラエルの関与を疑っていました。

もちろん、これは憶測の域を出ませんし、しかもきわめて危険な憶測です。しかし、中東・イスラーム世界の人びとは、なぜイスラエルの関与を疑ったのでしょう。こういうテロ事件をアメリカで起こせば、アメリカはイスラーム組織の犯行を疑います。一九九三年にはニューヨークの世界貿易センタービルがイスラーム組織の犯行といわれるテロで爆破されましたし、一九九八年にはケニアのナイロビとタンザニアのダルエスサラームのアメリカ大使館が爆破され、二〇〇〇年には、イエメンでアメリカ海軍の駆逐艦コールが爆破されるという事件があって、いずれもウサマ・ビン・ラディン一味の犯行と断定されていたからです。

一方、イスラエルはパレスチナのイスラーム過激派組織によるテロに脅かされています。もしアメリカをねらったテロが起きれば、アメリカが激怒してイスラーム過激派を壊滅してくれるでしょう。そして、イスラエル市民を犠牲にするテロが起きたら、今度こそイスラーム過激派を叩きつぶしても、国際世論の非難は浴びない、だからイスラエルが一番得をするというのが、中東・イスラーム世界でのイスラエル関与説の根拠だったのです。

私はこの説が正しいとは思いません。それに、何か大事件が起きるとユダヤ人の関与が疑われるというのは、それこそ中世の頃から西欧世界で続いてきたユダヤ人差別と蔑視の歴史のなかに幾度も出てきます。ナチスによるユダヤ人大虐殺も、こうした歴史の延長線上に起きたことを決して忘れてはなりません。このような根拠のないユダヤ人脅威論に、中東・イスラーム世界の人びとが飛びついたのは危険なことです。

しかしながら、アフガニスタンへの武力行使が行なわれたとき、世界中の人びとがウサマ・ビン・ラディンとイスラーム過激派による犯行というアメリカの主張に同意しているわけではなかったという事実だけは理解しておく必要があります。アメリカや日本、そして西欧諸国が共有していたウサマ・ビン・ラディン首謀者説という「常識」をイスラーム世界の人びとは必ずしも共有していなかったのです。

そこに戦争が始まってしまいました。アメリカとその同盟国では、「戦争」は当然の結果と受け止められました。それまでに、ウサマ・ビン・ラディン＋イスラーム過激派組織＋タリバン＝悪、というシナリオは周到に積み重ねられていたからです。一方、中東・イスラーム世界の人びとにとっては、まさかムスリム（イスラーム教徒）が、あんな残忍かつ非道な犯罪を犯すはずがないという思いとイスラエルの関与に対する疑念があったのですから、アフガニスタンでの「戦争」は悲しみと痛みと怒りの衝撃で始まりました。

2　イスラーム組織の犯行ならば、なぜ？

中東・イスラーム世界での不公正

私自身は、ウサマ・ビン・ラディンとその組織が、アメリカでの同時多発テロ事件に、どう関与したのかを説明することはできません。イギリスなどの政府が公表した「証拠」からは、具体的な関与の方法が示されていなかったからです。一方、イスラーム組織が関与していないという証拠を私自身が示すこともできません。学者としての良心に従えば、誰の犯行だか分からないとしか言いようがないのです。

しかしながら、これだけイスラーム組織とテロとの関係が取り沙汰されてしまいますと、根拠のない推測やイスラームに関する誤解が広がってきます。日本のメディアが創り出すイスラームやムスリムのイメージには、実態とはかけ離れたものも少なくありません。ニュースやワイドショーのような番組だけではありません。ジャーナリストの書く記事や知識人たちの論文にも、およそ荒唐無稽なものがいくらでもありました。それらの多くは、書き手のイスラームやムスリム（イスラーム教徒）に対する無知によるものです。

こうなってくると、もし今回のテロ事件にイスラームが何らかの形で関わっているのならば、その可能性についても、もてる限りの知識と推論によって考えを示しておかなければなりません。少し長くなりますが、私の推論とは次のようなものです。

アフガニスタンのタリバン政権のもとには、ウサマ・ビン・ラディンだけでなく、エジプトやパキスタン、そしてアルジェリアから逃れたイスラーム過激派組織のメンバーが集まってきました。アル・カーイダと呼ばれる組織は、このような人たちから構成されています。なかでも、一九八一年にエジプトのサダト大統領を暗殺したジハード団のアイマン・ザワーヒリーのように、本国エジプトで死刑判決（九七年のルクソールでの観光客虐殺事件の首謀者として）を受けている者も少なくありません。つまり、彼らは母国の政府から危険な敵とみなされていた人びとなのです。

彼らは、なぜ母国から追い出されたのでしょう。それを説明するために、およそ二十年ほど前のイスラーム世界を見直してみる必要があります。一九八〇年代に入ったころから、イスラーム世界諸国では、イスラーム勢力が政治の舞台に乗り出してきました。

エジプト、アルジェリア、そしてパキスタンなどもそうですが、中東・イスラーム世界の多くは、西欧世界をモデルにして国づくりを進めてきたものの、どの国も思ったように経済を発展させることができませんでした。

一部の人びとは豊かになり、欧米風の豊かな暮らしを実現しましたが、多くの貧しい人びとが取り残されてしまったのです。貧富の格差が広がってしまった背景には、もともと産業が農業や鉱業に特化していたので、資源や農産物のように国際的市場の価格に左右されやすいものしか輸出することができなかったことがあります。

産業が農業や鉱業に集中していて、工業が発達していなかった原因は、それ以前にイギリスやフランスなどヨーロッパの帝国主義国によって植民地化されてきたことにあります。もっとも、社会主義の大国ソ連も、この点では似ていました。ソ連も中央アジアのイスラーム世界に対して、資源だけを供給させ、現地に工業を育てようとしませんでした。今日、ウズベキスタンやトゥルクメニスタン、タジキスタンなどの国々の経済開発が遅れているのはそのためです。

一方、イスラーム世界の国々の場合も、国づくりは基本的に西欧型の国家をモデルにしていました。国民のほとんどをムスリムが占めていても、資本主義の市場経済システムを適用し、行政機関や学校も、おおむね西欧のシステムを真似て作ったのです。しかし現実には問題が山積していました。

政治の面では、民主化の遅れを指摘しておく必要があります。植民地から独立するときに、宗主国と戦った国では、当然の結果として「独立を戦い取った軍隊」が、その後の政治を支配したり、強い影響力を行使することになりました。

エジプト、シリア、アルジェリア、トルコ、パキスタン、どの国をとっても軍部の力は強大で、民主化の動きはたえず抑制されてきました。政党があっても一党独裁であったり、自由な政党の結成が抑制される国もあって、選挙を通じて民意を政治に反映させるという議会制民主主義は、なかなか機能しませんでした。

アラビア半島の国々では、さらに民主化は遅れています。遅れているというより、そもそも民主主義の概念が定着していないと言ったほうが正確でしょう。第一次世界大戦のころに、中東地域の支配を画策したイギリスは、あちこちで、現地の有力者と結託して、イギリスの支配を受け入れれば、国王にしてやるという約束をまき散らしました。アラブ産油国の多くで、今も王族の支配が強いのはその結果です。サウジアラビア、クウェート、アラブ首長国連邦などでは、王族や彼らに連なる人間が富を独占し、まるで一族で国を支配しているような様相を呈しています。

イスラーム世界の非産油国では経済問題は国民の間に深刻な影響を与えています。宗主国の都合のいいように工業化が抑制され、特定の資源を切り売りしてきた国は、第二次大戦後に独立した後も経済の構造を変えるのに苦労しました。

八〇年代に入ると、まだ国内の産業が十分に育っていないのに、保護主義はいけないという先進国の主張におされ、市場を開放したためにモノは溢れるようになります。しかし、物質的な豊かさを享受できるのはほんの一握りの人びとで、多くの民衆は働けども働けども豊かになれませんでした。

こういう状況におかれてきた民衆が、政府の経済政策が悪い、政府のやり方は不公正だと考えたのは当然のことでした。しかしイスラーム世界の貧しい人びとは、「それなら労働者や農民が団結して資本家と闘おう」という方向には進みませんでした。このような階級闘争的な考え方の背景には、日本人にはなじみの深い社会主義的（マルクス主義的）な発想があるのですが、ムスリムの民衆は、神を否定してしまうマルクス主義を受け入れることはありません。

エジプト、アルジェリアやシリアのように、第一次大戦のころには、ヨーロッパの社会主義思想の影響を受けた地域でも、社会主義を支持していたのは、一部の知識人や都市の中流層にすぎませんでした。ムスリムの民衆は、むしろイスラームの道徳が正しく実現されることで、社会的な不公正を是正すべきだと考えます。イスラームでは、お金を稼ぐという行為そのものを卑しいこととみなしませんし、経済活動の結果、豊かになる人と貧しい人がでること自体を問題だとは考えません。

しかし、富を得た人びとは、得られなかった人びとに一部を分配することが義務とされているのです。ムスリムが行なうべき五つの行為を五行といいますが、そのなかに自分の稼ぎの一部を差し出す「喜捨」があるのも、富の分配によって社会的公正を図ることが、神の命令、すなわち絶対的な義務であることを示しています。

市場経済のメカニズムのもとでは、大きな貧富の格差が生じます。富裕層は貧しい人びとに富を分け与えることが必要なのですが、これが現実にはなかなか機能しません。政府の中枢と密接な関係をもつ資本家たちが特権を享受したり、豊かな人たちが脱税をしたり、あるいは政治家が賄賂を受け取るなどの行為が蔓延するようになりました。このような現象が、社会の不公正を拡大するものとして、ムスリムの厳しい非難を受けたのです。

こういう民衆の不満を吸収してきたのが、さまざまなイスラーム組織だったのです。現在、イスラーム世界諸国で活動する組織は、政治への関与の仕方を軸に分類すると、大きく二つに分けることができます。

一つは、今の世の中への不満を、政治が堕落してイスラームの教えから逸脱したせいだと断定し、一挙に政権を奪取して、国家と社会をイスラームに則ったものにしてしまおうというものです。この種の組織が、しばしば「イスラーム原理主義」組織と呼ばれます。

一方、まずは信徒が自らの生活をイスラーム的規範に照らして正しいものにしていくことで、徐々に社会を改革していこうという組織もあります。

こういう組織は、弱者を救済するためのさまざまな活動を熱心に行ないます。病院や孤児院の運営、生活に困っている人びとのために手を差し伸べます。地震のような災害のときには、いち早く被災者の救援にあたります。一般には、こちらの組織のほうが穏健なイスラーム組織とみなされています。

ただ、ここで注意が必要なのですが、両者には接点がないのかというと必ずしもそうではありません。後者の穏健な組織に属しているムスリムも、当然のように、政府にも不満を持っていますし、前者のような過激な組織が日常生活のなかの信仰実践を疎かにするわけでもありません。

西欧の人道主義者を混乱させるのですが、パレスチナで自爆テロを敢行してきたハマースのようなイスラーム組織は、占領地では親を失った子どもたちの救援活動に熱心に取り組んでいるのです。

この背景には、イスラームという宗教には、基本的に政教分離の考え方が存在していないという事情があります。コーランを読んでみるとすぐに気づきますが、イスラームは、信徒個人の信仰に関する規範を与えているだけでなく、信徒の社会のあり方も規定しています。ということは、信仰は、一人ひとりの人間の内面だけでなく、信徒の社会とも不可分の関係にあるのです。ですから、本当にイスラームに則った社会にしようとすると、個人から国家まで、すべてがイスラーム的規範と倫理にしたがうべきだということになります。

しかし理念と実態とは大きく異なっております。現実には、個人から社会、そして国家にいたるまで、すべてイスラームの規範通りに運営されている国など、いまの地球上には存在いたしません。前に指摘したように、実際には、近代的な国家というものを産み出した西欧世界の国家をモデルにして、そのシステムを採用してきた国がほとんどです。

逆にいうと、だからこそ、イスラームに則った社会、イスラームに則った国家を理想とするイスラーム復興の運動が世界各地で発生してきたのです。しかし、どこの国の権力者も、既にできあがったシステムや制度を破壊されることを望むはずはありません。

ですから、イスラームの復興を掲げた運動が活発化すると政府は警戒しはじめます。個人の生活をイスラームの道徳に従って正しくしようというレベルならば、さほど干渉されませんが、イスラーム政党を作ったりすると警戒感が高まります。あるいはもっと過激に、暴力によって一挙に政権奪取をねらうということになると、政府は軍や警察を動員して組織を破壊しようとします。

話が長くなりましたが、こうして破壊された過激な組織のメンバーが、今日、アフガニスタンでウサマ・ビン・ラディンと行動を共にしているといわれる人びとなのです。エジプトでは、ジハード団やイスラーム集団と呼ばれる組織が、政府にダメージを与えるためのテロをくり返しました。

ジハード団のメンバーはサダト大統領を暗殺しましたし、イスラーム集団のメンバーは、一九九七年に日本人を含めて六十人以上の観光客が犠牲となったルクソールでのテロ事件を起こしました。エジプト政府は、これらの組織に対して徹底的な取り締まりと弾圧を行ないました。その結果、前に挙げたアイマン・ザワーヒリーのような活動家たちがアフガニスタンに潜入したのです。

エジプトだけではありません。一九九〇年代の初頭に民主化の流れを受けて、複数政党制に移行しようとしたアルジェリアでも同様でした。一九九〇年、長年にわたる民族解放戦線（ＦＬＮ）の一党独裁が終焉を迎え、複数の政党が参加する民主的な選挙（地方選挙）が実施されると、イスラーム救済戦線（ＦＩＳ）が圧勝しました。九一年十二月には国会議員選挙が行なわれたのですが、このときも一回目の投票でイスラーム救済戦線が第一党に躍進し、二回目の投票では圧倒的な勝利を収める勢いとなりました。

しかしその矢先、一九九二年一月に軍部がクーデタを起こして選挙結果を無効とし、イスラーム救済戦線を非合法化し、激しく弾圧したのです。指導者やメンバーだけでなく支持者も逮捕・拘禁され拷問されました。組織は壊滅的な打撃を受け、穏健派と過激派に分裂してしまいます。

なかでも、ＧＩＡ（武装イスラーム戦線）は、九二年にはアルジェの国際空港での爆破事件、九五年にはエールフランス機のハイジャック、フランス人宣教師の殺害など次々にテロを起こしました。過激派が攻撃のターゲットにしたのは軍部や政府だけではありませんでした。映画俳優や歌手、娯楽施設、そして世俗化した生活を送っていた一般市民にも、無数の犠牲者が出ました。

実はこの恐怖の七年間にも、「アフガン」と呼ばれる戦士たちが関わっていました。彼らは、一九七九年に始まったソ連のアフガニスタン侵攻で闘った義勇兵たちです。ソ連に対するジハードで勝利した彼らは、イスラーム世界のあちこちでムスリムにとって不公正な事態が発生すると駆けつけて、彼らがジハードと信じる闘いに身を投じたのです。

この悲惨な事態の発端は、軍部と過去の政権が民主化への潮流を力ずくで阻止したことにあります。この「不公正」との戦いをジハードとみなす戦士たちが参入してくると、事態は一気に血で血を洗うテロの応酬になっていきます。ここにイスラームが関わる紛争の特徴があるのです。

ジハードの戦士たちは、ムスリムの要求が理不尽なやり方で潰されたことに怒り心頭に発しています。正当な要求を退けられた弱者のために、戦うのはムスリムの務めだと信じています。したがって、そのためにはテロであろうと何であろうと手段を選びません。

それがあくまでターゲットを絞っての戦い、つまりイスラーム救済戦線を壊滅させた軍部や民族解放戦線に対する戦いならば、それなりに正当な根拠があると言えます。しかし、ジハードの戦士たちは、イスラーム的規範に反する行動をする人間すべてにターゲットを拡大しました。そのため、選挙への弾圧やイスラーム救済戦線への弾圧には関係のない一般民衆まで犠牲にしてしまったのです。そして彼らは、アルジェリアに平和がもどると、今度はまた戦いを求めて、アフガニスタンのような戦乱の地に戻っていきました。

ここに、過激なイスラーム教徒たち、あるいはイスラーム組織の行動様式を見ることができます。彼らは、イスラームの規範に照らして不公正な事態を見逃しません。不公正を是正するためには手段も選びません。極端な場合、自爆テロも敢行します。テロによって自分の命を落とすことさえ厭いません。

彼らの属する組織は、こうしたテロを敢行した人を殉教者として称賛するのです。アメリカでの同時多発テロの犯人たちが、何らかのイスラーム組織と関わっているとすれば、中東・イスラーム世界において穏健な手段によってイスラーム的世直しを達成できなかった活動家や戦士たちに共鳴する人物であったと考えられます。

そのうえで、アメリカが攻撃の対象になった原因を考えなければならないのですが、この点については、多くの人びとが指摘していることがら以上には、推測しようがありません。パレスチナ問題をはじめ中東外交においてイスラエル支持の姿勢をとり続けたこと、自国の利害がからむ紛争にのみ「正義」を掲げて圧倒的な軍事力で介入しようとしてきたこと、そして聖地メッカに軍隊を駐留させていることなどは、確かにアメリカが敵意を受ける原因でした。

しかし、これらの原因がアラブ人やムスリムの敵意の源泉でありえたとしても、あれだけのテロ事件の引き金であると断定することはできません。テロという行為は、客観的に推測しうる敵意のレベルから推し量ることができないからです。

中東・イスラーム世界のムスリムにとって、改善すべきは彼ら自身が暮らしている国の政治・経済・社会の状況であります。それが果たせなかったために、多くのアラブ系の戦士たちがアフガニスタンに流れ着いたと申しました。しかし、中東地域でゲリラ戦を戦って敗れ、アフガニスタンに集結していった戦士たち自身がテロ組織を構成したと考えるのは困難があります。

テロ実行犯とその組織は、高度な技術や情報にアクセスしやすい立場にいるはずですから、直接犯行に関わった組織がアフガニスタンの山岳地帯に潜んでいるとは思えません。彼らは、アメリカや西ヨーロッパのような先進国にいて、中東・イスラーム世界で起きている不公正を先進国が無視し、繁栄を築いていることに不満を募らせたものと思われます。とりわけ、アメリカのイスラーム世界に対する政策、メディアのイスラームやムスリムに対する態度、あるいは日常的に接するアメリカ市民のムスリムに対する無知や偏見――これらが層をなして鬱積し、実行犯にアメリカの繁栄を象徴する世界貿易センタービルや軍事力を象徴する国防総省を攻撃するというインスピレーションを与えたのではないでしょうか。

行なわれた犯行の衝撃性を考えると、攻撃対象となった建物の象徴性、アメリカ政府の屈辱と怒り、そして映像的効果にいたるまで計算しつくされていたように思います。あまりに計算しつくされているがゆえに、私は、この事件と中東・イスラーム世界に住む人びととを結びつけることに躊躇せざるをえないのです。

高度な計画を実行した犯人像

同時多発テロ事件を計画し、実行に移した犯人グループは、相当に高度な頭脳をもっています。テロ計画そのものが周到であったことはいうまでもありませんが、アメリカに対する経済的なダメージは測り知れません。もともと昨年からIT産業の不況で景気が減速していたところに、このテロ事件のせいで消費が激しく落ちこんでしまいました。航空会社や旅行会社はいうにおよばず、心理的な苦痛や将来への不安など、消費の低迷を招く条件はそろっています。

炭疽菌事件や十一月十二日に起きたアメリカン航空機の墜落は不安をますます増大させました。この原稿を書いている二〇〇二年一月の段階では、どちらの事件も同時多発テロ事件との関係は明らかになっておりません。しかし、これが何らかのテロ組織と関わっていようといまいと、アメリカの経済と社会におおきなダメージを与え、市民の心を傷つけたことは否定しようがないのです。

アメリカン航空機の墜落事故が起きた直後、アメリカ政府はテロの予告はなかった、テロの兆候はなかった、しかしテロではないという確証もないと発表しました。墜落の原因を分析しなければはっきりしたことが言えないのは当然です。

しかし仮にテロであるとすれば、犯人たちは、もはや「テロを起こす」などと予告する必要はありません。ニューヨークに、朝の九時に飛行機を墜落させるというだけで十分すぎる効果をあげることができます。あとは、アメリカの市民が、自動的に苦痛を味わい不安になってくれるからです。

逆に言えば、これが事故ならば、事故の責任を負う人びと（現時点ではアメリカン航空なのか、機体を製造したエアバス社なのか、整備責任者なのか、責任の所在は不明ですから断定できませんが）は、テロの後遺症に苦しむアメリカの経済や社会に途方もない追い討ちをかけたことになります。

テロ事件を起こした犯人たちは、国際情勢についてもかなり高い水準の知識を持っていた可能性があります。アメリカの対外政策は、ここ数年、内向きの傾向が目立っていました。地球温暖化問題で温室効果ガスの削減を決めた京都議定書から脱退したことやアメリカ本土ミサイル防衛網（ＮＭＤ）計画にともなう弾道弾迎撃ミサイル制限条約（ＡＢＭ）からの離脱問題などは典型的な例といえるでしょう。

国際的な協調、それも発展途上国を含むグローバルなネットワークから距離をおくばかりか、二国間の条約からも自由になって、自国の利益を優先させる方向に向かっていたのです。

しかし、今回のテロ事件は、このアメリカの内向きな政策を否応なく変化させた面があります。「テロとの戦争」に勝つためには、多くの同盟国を募ることが必要です。そのためには、戦争がアメリカによる「報復」に見えないようにする工夫が必要です。

アメリカ政府は、テロ事件がアメリカのみならず「文明社会」「民主主義」「自由」に対する宣戦布告だとくり返し訴えましたが、これも、できるだけ多くの国々に同盟国として戦線に加わってほしいというメッセージです。つまり、アメリカは九月十一日を境に、一時的にせよ、一国主義を捨てざるを得なくなったわけです。

しかしその後、タリバン政権が短期間で崩壊すると、今度は、ウサマ・ビン・ラディンやアル・カーイダのメンバーを捕らえた場合には、アメリカの軍事法廷で裁くことを主張しました。軍事行動では同盟国を頼み、容疑者を裁くにあたっては、これはアメリカに対する戦争犯罪だから透明性の低い軍事法廷に引き渡せという主張です。

これでは、アメリカがアフガニスタン侵攻を開始するにあたって「文明や自由に対する挑戦」だと述べて、広く世界の協調を得ようとしたことに矛盾してしまいます。ならば率直に、「報復」の戦争であることを一貫して主張すべきでした。同盟国さえ巻き込むべきではありませんでした。ここに超大国アメリカの「力」に対する過信を読み取ることができます。

しかしその一方で、一極構造ともいわれた唯一の超大国という存在に陰りが見えてきたことも否定できません。テロリストという敵は姿をあらわしませんが、それが誰であるかに

崩壊する世界貿易センタービル（01年9月11日）

せよ、ここまでアメリカを恨む人びとが存在したという事実を突きつけたことはアメリカ国民に大きな衝撃を与えました。

本土が攻撃され、途方もない数の犠牲者を出しただけでなく、テロそのものが、あたかもハリウッド映画のスペクタクルのようなシーンであったことも象徴的です。たとえ架空の事件であっても、あのような大惨事を映画に仕立て、世界中に見せつけてきたのはアメリカの映画産業だったはずです。ハリウッドは、もう二度と航空機が爆発するシーンも、高層ビルが倒壊するシーンも、娯楽映画として制作することはできないでしょう。

人びとをなぎ倒し、片っ端から撃ち殺し、爆弾で吹き飛ばし、アメリカの英雄が敵を倒し国家を救うという安直な筋書きの映画は、これまでに無数に作られてきました。アジアやアフリカやラテンアメリカを舞台にして、わけのわからぬことを叫ぶ「現地人」を蹴散らしながらアメリカの英雄が闊歩する映画もいくつもありました。

世界貿易センタービルへの航空機の突入は、アメリカに敵意を抱く人びとにとって、これ以上の大スペクタクルはないというくらいの決定的シーンだったことでしょう。私自身、ニュースであの映像を最初に見たとき、衝撃と恐怖に襲われましたが、瞬時に痛ましさや悲しさを引き出すことはできませんでした。

それはあまりにハリウッド映画じみていました。比類なき力と栄光につつまれ、いかなる困難にも敢然と立ち向かって最後には勝利する存在としての映画のなかのアメリカ。しかしニュースの画面に映し出されていた映像には、主人公が恋人と抱きあって勝利を慈しむというラストシーンがなかったのです。

あるべきラストシーンがない映像は、観ている者を深い恐怖と不安に陥れます。それを意図的に狙った点で、この犯行を計画した人物や組織は、アメリカという国と社会の何たるかを熟知していたといえるでしょう。

しかし、アメリカにとって本当の恐怖は、アフガニスタン侵攻の後に始まったのです。アフガニスタンに武力行使を行なうまで、テロ事件の被害者であるアメリカは、確かに「正義」を手にしておりました。犯人を捕らえ、法の下で裁きを受けさせ、テロを根絶するためにいかなる行動を取ることも、その「正義」のうちに含まれていました。

ブッシュ大統領が、テロリストに対して宣戦布告したことも、それでアメリカが不公正な行動をとったことにはなりません。世界中のムスリム（イスラーム教徒）も、テロリストに報復しようが、彼らを抹殺しようが、確たる証拠の上の行動ならば、何ら非難をしなかったのです。

ところが、アフガニスタンのタリバン支配地域に空爆を開始した瞬間、世界中のムスリムは、「正義」はもはやアメリカの手中にはないことを確信しました。アメリカが、戦いの正当性と、戦う相手とを一致させなかったからです。

日本ではこの点に危惧を抱く人はほとんどおりませんでしたが、ＮＡＴＯ諸国のフランス、ドイツ、ギリシャなどの政府でさえ、当初から「攻撃のターゲットの特定と手段の正当性の保証がないと軍事行動は冒険主義の危険を冒すことになる」と指摘していたことは記憶しておくべきであります。

これらのことをあらかじめ読み込んだ上で、テロ事件を起こしたとするなら、かなり高度な情報分析能力をもつ犯行集団がいたことになります。仮にイスラーム組織が関わっていたとしても、世界全体を広く見渡す力を持ったリーダーから、テロ実行犯にいたるまで、幾重にも重なる重層的な組織が介在していたと考える方が妥当であるように思われます。

3 イスラームとの戦争ではない?

十字軍・無限の正義

アメリカのブッシュ大統領は、「テロとの戦争」を宣言するやいなや、九月十六日に二つの不用意な発言をしました。その一つは、この戦いを十字軍に喩えたこと、もう一つは、この軍事作戦に「無限の正義 infinite justice」という名前をつけたことです。

最初の「十字軍」発言は、あたかもキリスト教世界がイスラーム世界に敵対するかのような印象を与えました。いうまでもありませんが、十字軍というのは中世のころに、当時聖地エルサレムを支配していたイスラーム教徒の手から奪回し、異教徒(イスラーム教徒)によって迫害されているキリスト教徒を助けようという名目で組織されたキリスト教軍のことです。

一〇九六年に最初の十字軍が派遣され、このときはビザンツの首都だったコンスタンティノープル(現在のイスタンブール)から北シリアをへてパレスチナのエルサレムに向かい、イスラーム教徒のファーティマ朝支配下にあった聖地にキリスト教徒のエルサレム王国を建てました。このとき、多くのユダヤ教徒とムスリムが虐殺されたといわれています。

それ以後、いろいろな名目をつくっては十字軍が派遣され、およそ二百年にわたってくり返し東地中海のムスリムを攻撃したのですが、実は、成功したのは第一回めだけでした。エルサレム王国にしても、およそ百年後、有名な武将サラディン（サラーフ・アッディーン）によって奪回されてしまいます。この戦争の目的が、必ずしも聖地を異教徒の手から奪い返すというような宗教的なものだけではなかったことは、今日、多くの歴史家が指摘しているとおりです。

しかし、ブッシュ大統領がテロ事件の直後に「十字軍」という言葉を使った理由は、イスラームを旗印に掲げる過激派テロ集団を掃討して、キリスト教文明世界の自由を守るという中世のローマ教皇の発言とあまり変わりませんでした。最初の十字軍の派遣は、一〇九五年に行なわれたクレルモン公会議で、当時の教皇ウルバヌス二世が、東方世界で異教徒の支配に苦しむキリスト教徒を救い、聖地エルサレムを回復しようと檄を飛ばしたことがきっかけでした。ウルバヌスは、この戦いを神の御業であり参加する者は罪を赦されると述べていますから、文字通り聖戦（英語の holy war、フランス語の guerre sainte）であったわけです。

つぎに「無限の正義」という作戦名ですが、これも異様な命名でした。キリスト教にせよ、イスラームにせよ、「正義」というものは、唯一絶対者である神の手にあるもので、人間が簡単に振りかざすものではありません。

もちろん、宗教から離れて世俗化が進んだ現代の西欧社会では、正義を論じるのに、いちいち神様を煩わせたりせずに、人間が作った「法」に照らして正邪、善悪を判断するのがふつうです。キリスト教徒のなかには、人間が正義を唱えることに違和感を持つ人もいますが、国家のほうは、たいてい自国のすることが「正義」だと胸を張っております。

キリスト教やイスラームのような一神教の宗教文明にどっぷり浸かった歴史のない日本人にとって、正義というものは、神の手に存するという感覚はないでしょう。社会正義や正義派という言葉からも分かるように、人間の目からみて「道理に適った正しいこと」を示しています。

しかし、これを聞いたムスリムは、ブッシュ自身が、あたかも全能の神を名乗っているように感じました。この感覚は敬虔なクリスチャンたちにとっても同じでした。しかもそこにわざわざ「無限の」という形容詞までつけ加えたのですから、ますます異様なネーミングになってしまいました。

十字軍発言と「無限の正義」作戦の命名は、同じ九月十六日に行なわれていますので、二つをあわせると、「テロとの戦い」が、裏を返すと「憎きイスラーム教徒たちを征伐するための正義の戦い」であると宣言したように聞こえたのです。さすがにアメリカ政府内部や同盟国からも忠告されたのでしょう。それから十日もたたないうちに、作戦名は「不朽の自由 enduring freedom」と変更されました。

そして、ブッシュ大統領は、アメリカ国内のモスク（イスラームの礼拝所）を訪れ、イスラーム指導者たちと肩を並べて、この戦いがテロ根絶のためであり、テロリストを標的とするものであり、決してイスラームやムスリムを敵とするものではないと言明しました。それればかりか、イスラームは平和を愛する宗教だと、いままでに聞いたこともないほど、イスラームに対する肯定的な評価を口にしたのです。

しかし、イスラームを敵視している疑いを招いた政治家はもう一人いました。イタリアのベルルスコーニ首相です。彼は九月二十六日の記者会見の席で、イスラームは千四百年前に生まれたころのままで、西欧文明のほうがはるかに優れているという偏見を率直に述べてしまいました。慌てたのはアメリカやイギリスです。イギリスのブレア首相は、この発言を強く批判し、ブッシュ大統領と同じように、イスラームは平和を愛する宗教であり、高度な文明を築いてきたとイスラームを擁護しました。

その前後から、アメリカとその同盟国では、政治家、メディア、そして多くの知識人も、「この戦争はイスラームとの戦いではない」、「ムスリムを敵とするものではない」、「西欧文明とイスラーム文明の衝突と考えてはいけない」、「キリスト教文明とイスラーム文明との戦いでもない」等々の言説が蔓延しました。

ここで指摘しておきたいのは、そもそも、国家の首脳から知識人にいたるまで、同じことを主張することの胡散臭さに、知識人やジャーナリストが気づかなかったことの愚かさと怠慢であります。およそある国が戦争を始めようとするときに使われる言説が、客観的であるはずがありません。戦争というものは、勝利という目標に向かって遂行されるのですから、これを阻害するような言説を排除します。

かつて日本が朝鮮半島や中国を侵略するときにもそうでしたし、連合軍に対する戦争に乗り出していったときも、そうだったはずです。戦後になって、ジャーナリストや平和主義者たちは、このことを反省と自戒をこめてくり返し指摘したはずです。今回の戦争に当たって、アメリカ政府はいざ知らず、日本政府が強制的な言論統制をしいたとは私には思えません。むしろ、マスコミ側が自主的に、アメリカとその同盟国の主張をなぞっていたようです。これはジャーナリズムの死を意味します。少なくとも、戦争を始めようとする政府が主張する見解を、相手の立場から見直してみるくらいのことはするべきでした。

ここで相手の立場といったのは、ウサマ・ビン・ラディンや彼の組織アル・カーイダ、そして彼らを匿うタリバンのことではありません。この点は、誤解しないでいただきたいのです。私が「相手」といったのは、全世界のムスリムであります。ブッシュやブレアが、敵ではないと言った相手も、一般のムスリムを指していたはずです。

イスラーム的不公正の観念

さて、アメリカによるアフガニスタン空爆が始まってから、世界のムスリムはこの戦争をどうとらえたのでしょうか。彼らは、テロ事件とは何の関係もないアフガニスタンのムスリムたちが傷つき、命を奪われたことに、深い悲しみと痛み、そして激しい怒りを共有しました。いうまでもありませんが、事件とは無関係の人間が殺害されることは理不尽な死であります。

理由もなく人を殺すことなど、イスラームに限らず、いかなる宗教も肯定しません。前に申しましたが、ムスリムは犯行を犯したテロリストたちが一網打尽にされようと空爆で木っ端みじんにされようと、当然の報いだと思ったでしょう。

しかし、アメリカがカブールやカンダハルを空爆したときに、その地に残っていた民衆は、すでにパキスタンなどの隣国に逃れる術さえなかった人びとでした。逃げられるだけの財力と条件が整っていたのなら、空爆を避けて避難したはずです。

それさえできなかった人びとの命を奪ったこと、それは人数の問題ではありません。テロ事件で命を失った人びとよりも空爆で死んだ人間の数のほうがはるかに少ないということで、ムスリムの悲しみと怒りやわらげることは絶対にありません。

アフガニスタンで犠牲になったムスリムの民衆は弱者のなかの弱者でした。その彼らをハイテクを駆使して造られた爆弾が襲ったのです。力において圧倒的な優位にある者が、弱い立場の者を傷つける行為を、ムスリムはきわめて不公正なものと断じます。イスラームの聖典コーランは、くり返し、弱い者を助けることを求めています。弱者の救済は、全ムスリムの義務なのです。ですから、彼らは、たとえ「テロ撲滅のための戦い」には正当性があることを認めていても、無辜の民が殺されることには、何らの正当性を見いだしませんでした。それどころか、最も邪悪な行為とみなしたのです。

このことは、パレスチナの民衆が、素手でイスラエル軍に立ち向かったインティファーダをイスラエル軍が圧倒的な力でねじ伏せようとしていることに対してムスリムが抱く不公正感と共通しております。この種の不公正に対して、ムスリムはたいへん鋭い感覚を持っているのです。

ひとつ、ごく日常的な例を挙げておきましょう。トルコに留学したある女性の話です。ある日、彼女は滞在許可の更新のために警察を訪れたのですが、事情があって期限を数日過ぎていました。担当の警察官は、厳しい態度で彼女の滞在許可が切れていることを指摘し、罰金を科した上で国外退去処分を言い渡しました。彼女は目の前が真っ暗になり、なんとか弁解したのですが、警察官は聞き入れません。ついに、周りの目もはばからず、泣き出したそうです。

するとその途端、周りにいたトルコ人の男性たちが駆け寄ってきて、彼女に事情を尋ねました。そして、警察官に食ってかかったのです。なぜ、日本から来た留学生、それも女性を泣かせるんだ、身よりも頼りもない土地で不自由している人間を苛めるとはなんだ等々、警察官は轟々たる非難を浴びることになりました。そしてついに、彼女の処分を取り消したのだそうです。

さて、この話をどう解釈したらよいでしょう。日本的、あるいは西欧的な考え方に従えば、彼女は公私混同を要求したことになります。法を最優先する社会では、彼女の態度も周囲の男たちの行為も批判されるべきものです。ルールを曲げてしまった警察官もです。

しかしイスラーム社会では、必ずしもそうではありません。法というものは、所詮、人間が作ったものです。人間というのは弱い存在ですから、自分で作ったものを、必ず自分で破ってしまうのです。これに対して、神の法、神の定めた規範というものは絶対的な重みを持ちます。イスラームでは、このことを前提にして、神による規範というものを人間に提示しているのです。ついでに申し上げておけば、神の規範を人間に下したもの、それが啓示であり、コーランはその啓示を集成したものなのです。

イスラームの神（アッラー）は、たいへん慈悲深い存在とされています。弱者を見殺しにしてはいけない、彼らを救えと教えています。ですから、弱者を打ちのめすような行為というのは、たとえ人間が作った法律上の定めであっても、神の法の前には不公正なものとみなされるのです。

テロとの戦い自体の正しさというものは、弱い立場におかれたアフガニスタンの民衆を苦しめたり、彼らの命を奪うことと決して相殺できるものではありません。奇妙に聞こえるかもしれませんが、犯人が特定されているのであれば、彼らに「報復」することに対して、ムスリムは何の不満も抱かなかったでしょう。

ところが、アメリカも同盟国も、あえて「報復」という言葉を避けて、より普遍的な正当性を主張できそうにみえる「テロとの戦争」という論理にすり替えました。このすり替えをしたことによって、「戦争」の一言のなかに、犯人でもテロ組織でもない人間の命を奪うことが含意されたのです。

ここに「テロとの戦争」という言葉に当初から潜んでいた戦争のレトリック（war rhetoric）があります。最初に書きましたように、テロ根絶のための方策には多様な方法があります。そのなかには、テロ組織との戦い、あるいは戦争も含まれることも確かです。

信徒共同体の破壊

しかしアメリカは、屈辱をはらし、国民に勇気と団結を促すために最も適した方法、すなわち「戦争」に重点をおいたのです。その上で、「これまでに人類が経験したことのない新しい戦争」「文明社会とテロリストとの戦争」「自由と民主主義を守るために文明社会が結束すべき戦争」といった普遍性を含意するキーワードを次から次へと持ち出しました。

実は、当初の段階では、アメリカのメディアにも報復を意味する retaliation という言葉が頻繁に使われていました。復讐（revenge）というと、私的な怨恨をはらすような印象を受けるのですが、報復（retaliation）ならば、受けた攻撃に対して相応の反撃を加えるというニュアンスがあります。私には、この戦争がターゲットを限定した「報復」である方が、まだしも理解できるものでした。それを「正義」のための戦いにすり替えたために、戦争は結果的にムスリムの怒りを掻き立てるものになったのです。

世界のムスリムが怒りを共有したのは、先ほど述べた不公正の論理だけが原因ではありません。もう一つの重要な原因は、信徒共同体の構造にあります。

簡単にいいますと、ムスリムの共同体とは、国籍や民族、そして人種を越えた一体性をもつと考えられております。この共同体のことをウンマ、一つになることをタウヒードといいます。ウンマというのは、もともと神の啓示を受けた集団を意味する言葉でしたので、ユダヤ教徒もキリスト教徒も各々ウンマをなしていると考えられてきました。そのため、イスラーム教徒のウンマをいい表すには、預言者であるムハンマドのウンマといいます。

イスラームは、ユダヤ教徒もキリスト教徒も、同じ唯一絶対の神の啓示を受けた集団として理解しています。そのために、両者を「啓典の民」といい、いわばムスリムの兄弟のようにみなすのですが、もちろん、彼らに対する批判もあります。ユダヤ教徒に対しては、彼らがユダヤという民族だけが選ばれて啓示を受けたと考えている（選民思想）ことを強く批判いたします。

イスラームでは、神の啓示はあらゆる人間に下されるものであるはずで、特定の民族集団だけに下ることはありえないと考えるのです。この考え方は、イスラームが世界宗教として拡大する上で、きわめて重要でした。

キリスト教も、イスラームと同様に神の教えが人類全体に対するものと解釈します。しかし現実には、キリスト教の場合、教会が各国家ごとに分かれていき、聖書も各国の言語に翻訳されていきました。聖書が翻訳されたことは、布教の上で大きな貢献となりましたが、その反面、結果として、信徒の社会が分裂していくことのきっかけにもなりました。

もちろん、カトリックの場合、ローマの教皇庁を中心とする世界的なシステムを形成してはいますが、現実の問題として、日本人のカトリックの信徒が、スペインでミサに出ても、スペイン語を知らないと説教を理解することができません。

心の内面では、同じキリスト者として共有する価値というものは残るでしょうが、国家が戦争をするような事態になったときには、国家ごとの分裂のほうが前面に出てまいります。西欧諸国の教会は、国どうしが戦争をするときには、各々の国王や国家に「神の御加護があらんことを」と祈るわけですから、祈られている神にしてみれば、困った立場におかれます。たとえばイギリスとスペインが戦争をしたとすると、イギリスの教会でも神に戦勝を祈願し、スペインの教会でも神に戦勝を祈願します。どちらも同じ神を信仰しているはずなのに、各国の教会は自分たちの都合の良い祈りだけを聞き届けてもらえると信じることになってしまいました。

西欧世界はキリスト教という共通の宗教を持っておりましたが、今日の世界を形作っている近代国家と諸国家体制の発祥の地でもあります。まさにそうであるがゆえに、キリスト教は国家を単位として分裂する宿命にあったと言えます。

教会組織をもたないゆえの一体性

一方、イスラームはどうだったのでしょう。先程述べたような、信徒全体を統一体とみなすようなウンマ共同体は、中世にイスラーム世界が各王朝に分裂したため、こちらも国家レベルでは実態を失いました。しかしながら、キリスト教徒とは大きな違いがあります。それは、個々の信徒のレベルでいうと、一体性の観念がしっかりと残っていることなのです。

イスラームには教会の組織がありません。神と信徒とのあいだに立って、神の代理人となる聖職者もおりません。つまり、イスラームには、宗教的な権威や権力にもとづくピラミッド型の構造は存在しないのです。このことは、イスラームを理解する上にきわめて重要な特質となっています。

テロ事件の直後、西欧や日本のメディアは、こぞってエジプトにあるアズハルというイスラーム学院の総長のような「宗教的権威」のコメントを紹介いたしました。アズハルの総長がイスラームに関して高い学識を有することは、よく知られています。しかしだからといって、アズハル学院の意見がムスリムの行動を規制したり支配することとはありえません。そのような上意下達的な権威のシステムというものは、イスラームにはないのです。

ここを勘違いいたしますと、イスラームの権威がこう言っているのに、それに逆らう信徒は「まちがっている悪い信徒」や「ムスリムではない」という勝手な思い込みに陥ります。長いイスラームの歴史をみてまいりますと、ある時期には、たいへん論理的で合理主義を尊ぶイスラーム解釈が主流になりますが、その後には、たいてい、そんな頭で考えるようなイスラームは、本物のイスラームではない、もっと純粋に神に帰依すべきだ、というような方向に戻っていきます。

イスラームというのは、このような大きなうねりを何度も経験しながら今日に至っているのです。このうねりのなかには、私たちに馴染み深い合理的な傾向もあれば、より内面的で神秘的な傾向もあります。

大切なことは、これらのうねりが、必ずしもイスラームの学識に富む宗教的権威によって作り出されたものではなく、民衆の神への思いが色濃く反映されているということなのです。

教会による権威主義的組織をもたないイスラームは、実態として組織化することはむずかしいという特色をもっています。教皇庁のように、各国にピラミッド型の組織をもつこともありません。しかしそうであるがゆえに、全世界のムスリムが一体なのだという観念を容易に持つことができるのです。

イスラームについての知識を持っておられる方は、スンナ派やシーア派という宗派によって分かれているではないかと問われるかもしれません。この二つの大きなグループについては、カトリックとプロテスタントの関係、あるいは正統と異端の関係になぞらえている書物もありますが、これは誤解のもとになります。

説明がむずかしいところですが、イスラームの始祖ムハンマドの死後、アブー・バクル、ウマル、ウスマーン、アリーという四人が後継者として教団を導きました。この四人は教団全体の合意で選ばれたところから、後に、スンナ派では「正統カリフ」と呼びます。

この四代目のカリフ、アリー（在位六五六〜六六一年）はムハンマドの従兄弟であると同時に、娘ファーティマの夫でした。当時、この人を大変に崇敬する人びとがおりましたが、アリーはハワーリジュ派という最初の過激派によって殺されてしまいました。その隙に、シリアのダマスカスに、ムハンマドと同じクライシュ族のムアーウィアという人がウマイヤ朝を建ててしまいます。しかも、アリーの息子のフサインは六八〇年にイラクのカルバラーという場所で、ウマイヤ朝軍によって殺されてしまったのです。

アリーを慕っていた人びとは、自らをシーア・アリー（アリーの徒）と称して団結していきます。それがシーア派となったのです。そして息子フサインの命を救えなかったことを悔やむ彼らは、現在も、フサインが殉教した日をアーシューラーといって、自らの肉体を鎖で鞭打つなど痛めつけて責めるのです。

つまり、今ではムスリムの九割がたを占めるスンナ派の方が、正統のように見えますが、成立したのはシーア派が先なのです。ただ、アリーやフサインへの敬愛があまりに強烈なので、この集団は当初から孤立する傾向をもっておりました。

これにはついていけない、という人たちも当然おりました。彼らは、何かを決定する際に、預言者ムハンマドが生前このようにした、あのようにしたという慣行（スンナ）を重視するとともに、イスラームについての学識豊かな人物（ウラマー）たちの合意（イジュマー）を尊重し、集団的な意思決定の方式をとるようになります。この人びとが、後にスンナ派と呼ばれるようになるのです。もっとも、スンナ派という名称で呼ばれるのは、アッバース朝（七五〇～一二五八年）にかけて、四大法学派というものが成立してくるころですので、ずっと後のことです。

一方、シーア派の人たちのなかにもいくつかの派があるのですが、十二イマーム派と呼ばれる人びとは、アリーを初代として十二代まで、ムハンマドの正統な後継者（イマーム）が続いた後、突然、最後のイマームが忽然と姿を消してしまい、今に至っていると考えます。イマームが姿を隠してしまったことを「お隠れ＝ガイバ」といいます。

シーア派では、このイマームがイスラームのすべてを知る無謬の存在とされておりますので、信徒はイマームが再び姿をあらわす日を待ちわびています。一種の救世主的な感じがいたしますが、イマームは世界の終末の前に現れて、最後の審判によって正義を行なうとされています。

しかし、イマームが不在のあいだも現世をイスラームに従って統治しなければなりません。そこでイマームの代理を務めるのが、宗教指導者（イスラーム法学者）なのです。イランは、十二イマーム派のシーア派ですが、一九七九年にイスラーム革命を実行した後、ホメイニのような宗教指導者による統治が行なわれたのも、この考え方に従っております。

こうしてみてまいりますと、スンナ派とシーア派というのが、正統と異端の関係ではないことがお分かりいただけると思います。テロ事件以降のさまざまな論説などを読んでおりますと、シーア派を原理主義の源のように書いているものや、二十年ほど前に起きたイラン・イラク戦争をスンナ派とシーア派の遺恨のように書いているものもありましたが、まったくの誤りです。ちなみに、イラクのサッダーム・フセイン政権は、民族主義に軍事独裁を接木したようなもので、イスラームとはほとんど無縁の政権です。

アフガニスタンでの戦争に対する怒りは、したがって、スンナ派もシーア派も同じように共有しています。宗派の壁というものは、ムスリムに対する敵対行為の前には、簡単に超越されてしまうものだといってもよいでしょう。

ムスリムにとって、神の啓示を記した聖典コーランは、世界中に一種類だけ、それもアラビア語のものしかありません。アラビア半島に生まれた預言者ムハンマドに啓示が下されたため、必然的に、聖典はアラビア語になったのです。コーランでは、神が一人称でムハンマドに向かって語りかける文章が多いのですが、この点は、キリストの言動を第三者が記した新約聖書（福音書）とは大きく異なります。コーランのことを正確にはアル・クルアーンといいますが、これはアラビア語の「声に出して読む」という動詞「カラア」から派生した言葉です。

神が語りかけている言葉そのものですから、コーランを他の言語に翻訳すると、それはもはや神の言葉ではなくなってしまうのです。コーランは、声に出して読まないと意味がありません。そのため、アラビア語圏以外のムスリムたちは、コーランを丸暗記することになります。ムスリムは、東南アジア、南アジア、中央アジア、西アジア、北アフリカ、西アフリカとたいへん広大な地域に暮らしております。アラビア語を母語としない人びとも大勢いるわけですが、彼らは、翻訳を頼りに意味を理解しながら、コーランそのものはアラビア語で覚えなければならないのです。

しかし、それゆえにムスリムは、どこの国のどこのモスクでも礼拝することができます。説教については、その土地で行なわれますから、外国人には分からないのですが、最も重要な行である礼拝については、すべての所作が共通です。同じ信徒であることをモスクでの集団礼拝のたびに実感することができるのです。

ムスリムの共同体が国籍、民族、そして人種を超えた一体性をもつことを、多くの信徒が実感する最も重要な行事は、メッカ（アラビア語ではマッカ）への大巡礼でしょう。数百万におよぶムスリムが、毎年、巡礼月になるとサウディアラビアの聖地メッカを訪れ、定められた作法に従って行を行ないます。このときは、王侯貴族も金持ちもふつうの人びとも、すべて同じ二枚の白い布しか身にまとうことはできません。神の前には、現世での地位や貧富も関係ないことを示さなくてはならないのです。

ラマダン月の攻撃がもつ意味

二〇〇一年十一月十六日、イスラーム世界はラマダン月に入りました。イスラーム暦の九月にあたるラマダンは神聖な月といわれ、ムスリムにとっても最も重要な五つの義務（五行）のうちの四番目にあたる断食の月です。断食そのものは、もともとユダヤ教徒の習慣にならったものと伝えられていますが、ユダヤ教徒と反目した後に独自の義務として定着したものです。

イスラーム暦は、月の満ち欠けによる陰暦を採用していますので、毎年、少しずつ前にずれていきます。そしておよそ一か月のあいだ、日の出から日の入りまでのあいだ、ムスリムは食欲や性欲などの欲望を絶つことを求められています。ですから、日本語では通常、断食と言い慣わしていますが、絶たねばならないのは飲食だけではありません。

ラマダンに入ってから、アメリカやイギリスがアフガニスタンへの攻撃を続けることに対しては、イスラーム世界諸国がこぞって反対や懸念を表明してきました。隣国パキスタンのムシャラフ大統領は、くり返し、アメリカやイギリスに対して、ラマダン月の攻撃はすべてのムスリムの反発を受けるので自粛するように求めました。テレビに登場したムシャラフ大統領が、クーデタによって政権を掌握した軍事政権の長とは思えぬほど憔悴しきった表情で訴えていたのは印象的でした。

これに対してアメリカのラムズフェルド国防長官とブッシュ大統領、そしてイギリスのブレア首相が、あいついでラマダン中も作戦行動を継続することを表明しました。両国の首脳は、戦争を続ける理由として、ラマダンだからといってタリバンが戦争を止めるわけではない、過去にもラマダンの期間中にイスラーム教徒はいくらでも戦争をしていたではないかと指摘しました。この発言は、世界中のムスリムの激しい怒りを買いました。

ラマダンの最中にアメリカやイギリスがアフガニスタンを攻撃することは、なぜ、それほど激しい反発を引き起こしたのでしょうか。コーランのなかで、ラマダンについて書かれた部分を引用してみましょう。

「これ信徒の者よ、断食も汝らの守らねばならぬ規律であるぞ、汝らより前の時代の人びとの場合と同じように。（この規律をよく守れば）きっとお前たちにも本当に神を畏れかしこむ気持ちが出来てこよう。（この断食のつとめは）限られた日数の間守らなければならぬ。但し汝らのうち病気の者、また旅行中の者は、いつか他の時に同じ日数だけの日（断食すればよい）。また断食をすることが出来るのに（しなかった）場合は、貧者に食物を施すことで償いをすること。しかし（何事によらず）自分から進んで善事をなす者は善い報いを受けるもの。この場合でも（出来れば規律通りに）断食する方が、汝らのためになる。もし（ものごとの道理が）汝らにはっきりわかっているならば。

（牝牛の章、フリューゲル版一七九節／カイロ版一八三節）

コーランが、人びとのための（神からの）御導きとして、また御導きの明らかな徴として、また救済（または「善悪、正邪の識別」）として啓示された（神聖な）ラマザン月（こそ断食の月）。されば汝ら、誰でもラマザン月に家におる者は断食せよ。但し丁度そのとき病気か旅行中ならば、いつか別の時にそれだけの日数（断食すればよい）。アッラーは汝らになるたけ楽なことを要求なさる、無理を求めはなさらない。ただ汝らが所定の日数だけ断食のつとめを守り、そして汝らを導いて下さったアッラーに賛美の声を捧げさえすればそれでよい。そのうちに汝らにも本当に有難いと思う心が起きて来るであろうぞ。（牝牛の章、フリューゲル版一八一節／カイロ版一八五節）

断食の夜、汝らが妻と交わることは許してやろうぞ。彼女らは汝らの着物、汝らはまた彼女らの着物。アッラーは汝らが無理しているのを御承知になって、思い返して、許し給うたのじゃ。だから、さあ今度は。（遠慮なく）彼女らと交わるがよい、そしてアッラーがお定め下さったままに、欲情を充たすがよい。食うもよし、飲むもよし、やがて黎明の光さしそめて、白糸と黒糸の区別がはっきりつくようになる時まで。しかしその時が来たら、また（次の）夜になるまでしっかりと断食を守るのだぞ。……（牝牛の章、フリューゲル版一八三節／カイロ版一八七節）

［訳文は井筒俊彦『コーラン』岩波文庫による。増補版追記＝現在、入手可能な参考文献として、カイロ版を底本とする中田考監修『日亜対訳 クルアーン』作品社、二〇一四年も参照されたい。］

ここには、ラマダン月の断食が何を意味しているかが、あますところなく描かれています。まず、戦争継続の問題との関連で注目すべきなのは、一八一節のところで、訳者の井筒俊彦氏が「『善悪、正邪の識別』として啓示された」ラマザン月（アラビア語の発音ではラマザンの方が近いのですが、ここでは日本でよく使われているのでラマダンと表記）と注釈を加えている部分です。神聖なラマダン月が、なぜ神聖かというと、この月の二十七日にムハンマドが初めてアッラーから啓示を受けたからですが、その啓示が「善悪、正邪の識別」とされている点が重要です。この月のあいだムスリムは、何が善で何が悪なのか、何が正義で何が邪悪なのかに対する感覚が鋭く研ぎ澄まされるのです。

私自身、ラマダンの最中のムスリムたちと接したことがありますが、日ごろ、あまり正しい行ないをしない人物ほど、一生懸命断食していたことが印象的でした。アッラーは慈悲深い神ですから、ムスリムたちに日ごろの行ないを反省し、善行に励む期間を設けたのです。もちろん、ラマダン月だけ善行を積めばよいというものではありませんが、断食の月が設定されていることで、さまざまな欲望に負けてしまう人間が、信仰を新たにし、神を敬う心を新たにするようチャンスを与えているといえましょう。日ごろから敬虔な信徒は、いっそう善悪、正邪を鋭く見分けて断食に励み、善行を積もうとします。

ラマダンは、このように個々の信徒の信仰心を、今一度、正しいものに、新鮮なものにするわけですが、信徒の社会にも大きな意味を持っています。家族や信徒共同体も、ラマダン月のあいだ、ひときわ強い絆で結ばれて一体となっていることを確認するのです。実際、ラマダンの間、家族はその日一日の断食が明ける夕食を必ずいっしょに取ります。この夕食は、たいへん豪華なもので、ラマダンの一月のほうが、ふだんよりも肉の消費量が増えます。なにしろ、日が落ちてから豪勢に食べ、さらに夜明け前にも食事をしますので、断食月のあいだに太ってしまう人も少なくありません。

ムスリムは家族をことのほか大切にいたします。日本人だって、大切にするじゃないかといわれるかもしれませんが、大切にする仕方が、日本人の比ではないと申し上げていいでしょう。たとえば、父親であり夫である男性に、「あなたにとって家族とは何か?」と尋ねますと、「心臓のようなもの、私の心そのもの」という返事がよく返ってまいります。「あなたにとって仕事と家庭の関係は?」と尋ねますと、「仕事は家族のためにしているんだ」と胸を張って答えます。

この家族意識というものは、前に申しましたとおり、単に自分の家族だけでなく、広くムスリム同胞全体に拡大されるものです。ムスリムはみな家族のようなもの、この認識はふだんはそれほど実体的ではありませんが、遠い世界のムスリムが戦争に直面したり、災害で被害にあったりすると一瞬にして実体化します。同胞の苦しみは、家族を殺される苦しみとしてムスリムの心に突き刺さり、それは日々、深まっていくのです。

衛星放送の技術やＩＴ産業が発達したおかげで、私たちは、戦争の映像を時々刻々と目の当たりにいたします。ムスリム以外の人びとは、戦争が長引くに連れて、この種の映像に慣れてしまい、飽きてくるかもしれません。しかしムスリムは、日々、同じ映像に悲しみを深め、怒りを募らせていることを忘れてはなりません。

ラマダンのさなか、善悪、正邪の識別に鋭敏になっているムスリムは、アフガニスタンでムスリムが戦争の犠牲になるという事態を、それこそ悪行の極み、邪悪の極みと見てお りました。信徒は国籍や民族を超えて一つなんだという一体感を新たにしているときに、信徒が理不尽な死に追いやられたり、苦しめられているという事態は、世界中のムスリムにとって、救済のために何とかしなければならないという強烈な使命感を呼び起こします。

ラマダンに入った初日、NHKのニュースで、カイロに住む女性のインタビューが放映されました。彼女は「ラマダン中にムスリムが犠牲になるなら、私だって戦いに行きたい」と真剣な表情で語っていました。実際、隣国のパキスタンだけでなく、他の地域からも義勇兵を志願してアフガニスタンを目指すムスリムが増えたそうです。戦争に行かないまでも、ラマダン中の金曜礼拝では、世界中で莫大な額の喜捨が集まるでしょう。喜捨もムスリムの五行の三番目にくる大切な義務ですが、ラマダン月の礼拝では普段よりもずっと多くの喜捨が弱者救済のために集まります。

その金が、たとえ過激なイスラーム組織のために使われても、ほとんどの信徒は疑問を抱かないでしょう。アフガニスタンのムスリムを苦しめるアメリカとその同盟国が邪悪な存在であることに疑いの余地がなければ、それと戦う人びとは善とみなされることになります。タリバンであれ、ウサマ・ビン・ラディンであれ、テロ組織であれ、アメリカに比べれば善なる存在となりうるのです。そのため、テロ根絶のために組織への資金供給を絶とうとする努力を水泡に帰すことになりかねません。ラマダン中に攻撃を続けることは、こうしてテロ根絶のための戦いそのものを危機にさらすことになります。しかし、日本を含めてアメリカとその同盟国の政府は、この危険性を理解していませんでした。

この戦争はイスラームとの戦争ではない——戦争を仕掛けている側が、たとえこう主張しても、全世界のムスリムはそれを信じることはできないのです。知識人たちのなかには、「イスラームとの戦争」、あるいは「文明間の衝突」と見てしまうと、それこそウサマ・ビン・ラディンやテロリストの思う壺である、そんな策謀に乗ってはならないという人もおりました。確かに、ビン・ラディンやタリバンのオマルという指導者は、そのように発言していました。しかし彼らは、アメリカが戦争を始めてしまえば、世界中のムスリムが感じるであろうことをあらかじめ述べたにすぎないのです。

ムスリムの多くは、ビン・ラディンが何を言おうが関心を持たないでしょう。扇動家としての彼のメッセージを真に受けるムスリムなど、ほんの一握りしか存在しないのです。タリバンのように、孤立したイスラーム組織の指導者の叫びに世界のムスリムが耳を貸すわけでもありません。

しかし、アメリカが無辜の民であるアフガニスタンのムスリム同胞の命を奪ったという事実は、ビン・ラディンが何を言おうがムスリムを憤らせ、アメリカとのジハードの戦士を生み出すでしょう。勘違いしてはならないのは、ジハードの戦士はウサマ・ビン・ラディンが造っているのではありません。アメリカやイギリスによる攻撃が造りだすのです。

この戦争をあくまでテロとの戦いとして正当化しようとする人びとは、アフガニスタンでの民衆の犠牲者に向かって、いったい何というつもりなのでしょうか。政治家、行政官、知識人、そしてジャーナリストにいたるまで、見事なまでにアメリカ政府の戦争のレトリックに乗ってしまうとは、まことに情けないことです。

この戦争をなぜしてはならなかったか。ましてやラマダン月にまで攻撃を継続することがどれほど世界を危機に陥れる愚行か。それはウサマ・ビン・ラディンの策謀や扇動とは何の関係もありません。全世界に十二億とも十三億ともいわれるイスラーム教徒に悲しみをもたらし、怒りを引き起こすからに他なりません。

「我々はイスラームを敵視するわけでもなければ、ムスリムを敵視しているわけでもない。我々の敵はテロリストである。したがって、テロリストを匿うタリバンを攻撃するのは当然であり、その最中に、民間人に多少の犠牲者が出るのも、戦争の常としてやむを得ない」、この主張は、全世界のムスリムから見れば、右手で人を殴りながら、左手で撫でているにすぎないのであります。

4　イスラーム世界の声は届かなかった

イスラーム世界諸国の動揺

　およそイスラームを信仰する人間がすべてこの戦争に反対していたときに、日本政府は、ラマダン中も攻撃を続けるというアメリカの姿勢を支持しました。イラン外相との会見で、田中外相が攻撃を中止すべきだと発言したと一部に報じられたようですが、田中外相は国会でこれを否定しましたから、やはり、政府見解としては攻撃続行を支持したのでしょう。

　正直にいって、私には、もはや、なぜそんな発言をしたのかと問う気力も失われてしまいました。テロ事件からの二か月間、私は機会が与えられるたびに、この戦争をしてはならない、と訴えつづけました。

　ここまで読んでいただいた方には、お分かりいただけたと思いますが、テロの犯人を捕らえ、法の裁きを受けさせることは当然です。テロ根絶のために国際社会が協力して行動を起こすことも当然です。しかしながら、それを戦争という手段に訴え、しかもテロ事件とは直接の関係を持たないアフガニスタンを戦場にし、疲弊しきった民衆にさらに追い討ちをかけ、命を奪ったことには正当性も正義もないのです。

そしてこの戦争はイスラーム世界諸国にも動揺を与えました。アフガニスタンの隣国パキスタンでは、国内最大のイスラーム組織であるイスラーム協会（ジャマアテ・イスラーミー）が、戦争に強く反対してデモをくり返しました。

パキスタンはこの組織の指導者を軟禁するなどの措置を取って、反対運動が反政府運動につながることを押さえ込もうとしました。ムシャラフ大統領は窮地に追い込まれていました。イスラーム協会は、九九年にムシャラフが軍事クーデタによって政権を奪取した時の重要な支持母体です。それが見放してしまうと、政権は不安定になってしまいます。今のところ、軍部を掌握しているために政権を維持していますが、今後の事態の推移によっては、まだ予断を許しません。

そもそも、パキスタン軍の統合情報部（ＩＳＩ）は、タリバンの生みの親です。アフガニスタンからソ連軍が撤退した後、一九九二年にムジャヒディーン暫定政権が成立すると、暴行や略奪がくり返され、治安が極度に乱れてしまいました。ソ連がアフガニスタンを支配することを恐れていたパキスタンは、自国民にも同じ民族がいるパシュトゥン人をマドラサ（イスラーム神学校）で教育し、ジハードの戦士に育て上げたのです。それがタリバンです。

このとき、アメリカがソ連に対抗するためにCIAを通じてパキスタン軍情報部を支援したことはよく知られています。ソ連撤退の後、このタリバンをアフガニスタンに送り込み、当時の暫定政権を構成していた北部同盟軍を撃退し、強力なイスラーム体制によって治安を回復し、全土の九割ちかくを掌握したのです。

アメリカのCIAとパキスタンの情報部（ISI）が育てたタリバンを、いま、アメリカが攻撃しているのは皮肉なことです。アメリカにしてみれば、悪魔を自分で育てたようなものですが、自業自得というよりほかありません。しかしパキスタンにとっては、そう簡単に割り切れるものではありません。

アメリカはソ連の影響力を排除するために、敵の敵なら何でもいいから味方にしてしまえとばかりに支援したにすぎません。しかしパキスタンにとっては、同じ民族、同じイスラーム教徒の組織ですから、都合が悪くなったからといって、簡単に縁を切れるものではありません。結局、ムシャラフ大統領は、軍情報部の幹部を更迭しましたが、情報部の組織そのものは温存しました。したがって、ムシャラフ大統領の対米追随の姿勢と軍情報部の姿勢がどこまで一致しているのかは、外からは分からなくなっております。

いいかえますと、パキスタンという国は、どこまでアメリカを支持しているのかが不明だということです。信用ならないといっているのではありません。これまでの経緯からすれば、アフガニスタンのタリバン政権を攻撃するにあたって、生みの親のパキスタンを同盟国に仕立てようというアメリカの方針が、あまりに場当たり的であったということです。パキスタン国民の多数は、一貫してアメリカのアフガニスタン攻撃に反対していますし、なかにはタリバンを助けるために義勇兵となってアフガニスタンに赴く男たちもいます。

これまで、アメリカを含めて国際社会は、パキスタンとインドの核兵器開発競争に強い懸念を表明してきました。この二つの国は、いわば宿敵どうしですから、南アジアの大国が核を振りかざす事態は危険このうえありません。そうでなくても、カシミール地方の領有権を巡っては紛争が絶えませんでした。そのため、日本を含めて、パキスタンにも経済制裁を課してきたのです。ところが、アメリカがアフガニスタン攻撃のために必要と判断するや、この制裁は解除され、援助物資や資金が提供され、日本もアメリカを支持して援助に乗り出しました。

ここにも、「戦争だから」の一言で、国際社会の秩序や安全保障のための枠組みさえ破壊してしまう構造が顕になっております。しかも、この種の支援はたいへん危険なものです。パキスタン国民の多くが反米に傾いているときに、アメリカとその同盟国がムシャラフ政権への制裁を解除して支援することは、一つには、自国の正しさが認めてもらえたという満足感をもたらしますが、別の面では、ムシャラフ政権がアメリカに追随していることを印象づけます。つまり、政権内部や政権を支持する人には歓迎すべきことであり、政権に批判的な人にとっては、政権が国民を裏切る行為とみなされるのです。

東南アジアにあって、日本の重要なパートナーでもあるマレーシアやインドネシアは戦争に否定的な態度を取ってきました。インドネシアのメガワティ大統領は、当初、アメリカ支持を打ち出しましたが、空爆が始まって一週間とたたない十月半ばには態度を翻し、民間人に犠牲者が出ることに懸念を表明し、その後は批判的な姿勢に転じました。マレーシアのマハティール首相は、一貫してアフガニスタン攻撃を批判しておりました。

いうまでもなく、これらの国の政府は、国民の多数を占めるムスリムが、同胞の犠牲にどれだけ強く反発しているかを熟知していたからです。パキスタンのように、政権と国民の意識に亀裂が深まって、国内が不安定になることを避けようとしているのです。

サウジアラビアを始めとするアラビア半島の石油産出国も、微妙な立場におかれています。なにしろ、一九九〇年の湾岸危機と翌年の湾岸戦争以来、サウジアラビアにはアメリカ軍が駐留しています。湾岸戦争というのは、サッダーム・フセイン政権のイラクが九〇年の八月に突然、隣国のクウェートを侵略して領有を宣言したことに始まりました。国連安全保障理事会が武力占領を認めないと決議し、国連総会でも撤退しないイラクに対して武力行使を容認する決議がなされたことで、アメリカを中心に多国籍軍が組織され戦争になりました。

それ以降、産油国が集中するペルシャ湾岸地域の安全を確保するため、アメリカはサウジアラビアに軍隊を駐留させています。ウサマ・ビン・ラディンは、九六年にだしたファトワ（イスラームに関する意見書のことですが、本来は資格を認められた法学者が出すもので、ビン・ラディンにその資格があるかどうかは疑問です）という文書のなかで、聖地メッカとメディナを擁するサウジアラビアに、異教徒であり宿敵のアメリカ軍が駐留することを絶対に許せないと強く非難しています。

聖地という場所は、ムスリムにとって巡礼の目的地です。とりわけメッカへの巡礼は、五行の五番目にあたりまして、ムスリムにとって文字通り一生に一度の大事です。巡礼は、定めとしてイスラーム暦の十二月にあたるズール・ヒッジャ月に行なわれます。ラマダンが明けて数か月後には大巡礼の月になり、世界中の信徒がメッカをめざします。しかし、巡礼はこの月にしかしてはいけないものではありません。ラマダン月の巡礼もまた、一種の功徳が高いものとされております。神聖な気持ち、善悪を峻別する鋭敏な感覚をもって巡礼に訪れるわけです。

こうしたときに、聖地を擁するサウジアラビアに、アフガニスタンでムスリム同胞を傷つけている米軍が駐留しているというのは、きわめてまずい事態です。サウジアラビア政府が、必死でアメリカ政府にラマダン中の攻撃を控えるよう求めていたのもそのためです。聖地の守護者としての資格を問われることになりかねませんし、悪くすると、巡礼者から攻撃を受けたり、暴動に発展する可能性もあります。

エジプトのムバラク大統領も、アメリカがテロ組織と戦うことは容認したものの、一般民衆に犠牲者がでることには批判的な発言を続けましたし、ラマダン中の攻撃中止を求めました。エジプト国内は、ムバラク政権でのイスラーム過激派に対する強力な弾圧と取り締まりが今のところ功を奏しており、過激な組織によるテロは抑えられています。しかし八〇年代から九〇年代にかけて、イスラーム組織が力を蓄え、不公正の是正を求めて活動を活発化させました。イスラーム組織というのは、政権奪取をねらうような過激な政治組織ばかりではなく、貧しい民衆のあいだに入って相互扶助活動を展開する草の根型の組織もあります。

しかし、政治目的を掲げていようといまいと、ムスリム同胞の危機に対して同情し、救済したいと願う点では、どんな組織も同じです。ムバラク政権は、過激な政治組織を壊滅させることには成功しましたが、社会の底辺からイスラーム的な改革を進めて行こうとする組織には手をつけていません。これを弾圧すると、民衆からたいへんな反発を受けるからです。

エジプトにはムスリム同胞団という大きなイスラーム組織があります。一九二八年に誕生し、四〇年代にはアラブ地域の各地に広がっておりました。いまは、穏健でムスリム民衆の相互扶助に力を入れていますが、かつては政治的な活動にも積極的でした。ナセル大統領政権下の一九六〇年代には厳しい弾圧を受けましたが、次のサダト大統領、現在のムバラク大統領のもとでは、政権との間に微妙なバランスをとって、激しい行動は起こして

アメリカの報復に反対する集会
（2001年9月29日、マレーシア・クアラルンプール）

おりません。

ただし、こうした穏健な組織が、いつかなる場合も政治的な活動に出て行かないという保証はありません。ムスリムの日常生活にとって、政治がはなはだ不公正なものになれば、こうした組織であっても政権と協調路線を歩むとは限りません。民衆、それも社会の底辺にある民衆のために活動する組織は、彼らの不公正に対する怒りを共有する姿勢をとるのが常であります。

ムバラク大統領やエジプト最高のイスラーム学府であるアズハルの総長が、幾度もアフガニスタンでの民衆の犠牲とラマダン中の攻撃を批判しているのは、ようやく過激なイスラーム組織によるテロ活動を抑止している今、ふたたび政権に反抗する集団が台頭することへの強い懸念があるからです。その意味で、エジプトだけでなく、マレーシアにとっても、インドネシアにとっても、またアルジェリアにとっても、パキスタンの現状は「明日はわが身」であると言えます。

現在、ムスリムたちが住んでいる世界は、西欧世界や日本と同じように、国家ごとに分かれています。そして、各々の国家がイスラームに対して取っている態度や政策には大きな差があります。できるだけ、国家の行政・立法・司法や教育制度などもイスラーム的に作ろうとしたイランのようなイスラーム国家もあれば、徹底して公の制度にはイスラームを持ち込ませないとしているトルコのような世俗国家もあります。

ナショナリズムとイスラーム

国家について考えてみると、徹底してムスリム共同体の理念を体現しているケースはむしろ少ないといえます。たいていの国では、立法・行政・司法などは西欧近代国家の制度を取り入れながら、たとえばイスラーム教育を公教育に取り入れたり、法律のなかでも家族法の領域ではイスラーム法の要素を取り入れるというやり方で折衷させているのです。したがって、ムスリムが、もし国家に強く縛られてしまえば、キリスト教徒と同じように、国家単位にまとまってしまったかもしれません。

しかし現実には、必ずしもそうなりませんでした。国家を単位とするナショナリズムは、ムスリムである国民にとって、それほど強固な絆とはなりえなかったのです。ムスリムが人口の大半を占める国のなかでは、トルコの国民が例外的に強烈なナショナリズムを抱いています。トルコの場合、トルコ共和国という国家の成立そのものが、きわめて困難な戦いの結果、勝ち取られたものでありました。

第一次大戦で、すでに崩壊寸前だったトルコの前身、オスマン帝国はドイツ側に立って参戦し、散々な結果に終わりました。フランス、イギリス、イタリア、そしてギリシャは、敗北したオスマン帝国の領土を徹底的に分割してしまおうと企て、セーブル条約（一九二〇年）を帝国政府と締結しました。

そこに彗星のごとく登場したのがムスタファ・ケマルでした。彼は兵士だけでなく農民や一般市民を率いて列強と戦い、フランスやイタリアを撤退に追い込み、内陸部に侵攻してきたギリシャ軍をじりじりと追いつめて、一九二二年についに外国勢力をアナトリア半島（今日のトルコ共和国の領土）から追い出して独立を達成しました。第一次大戦期といえば、アジアやアフリカの多くの地域が、ヨーロッパ列強によって植民地として支配されていた時代です。

そのさなかに、独力で独立を達成することは、ほとんど奇跡といってよいほど困難な戦いであったはずです。独立戦争の指導者ムスタファ・ケマルはトルコ共和国初代大統領となり、後に大国民議会から「父なるトルコ人」を意味するアタテュルクの名を贈られました。教科書にはケマル・アタテュルクの名で登場することも多いので、名字のように見えるかもしれませんが、この名前は彼一人にしか与えられていません。名実共に、父なるトルコ人なのです。

この建国の歴史は、いまでもトルコ中のすべての子どもたちが学校で必ず学びます。あらゆる町という町には、アタテュルクの銅像が建ち、大きな都市にはアタテュルク大通りがあり、役所、学校、商店、レストランにいたるまで彼の肖像やマスクが飾られています。町の入り口には、「トルコ人であることは何と幸せなことだろう」という標語が必ず掲げられているのです。

トルコの場合、国家の成立と民族の独立戦争が完全に一体化してしまっているために、トルコ国民＝トルコ民族という図式が憲法でも定式化されており、国民全体を結ぶアイデンティティもこれ以外にないのです。正確にいえば、民族＝国民というアイデンティティ以外、国家が認めないというべきでしょう。そのため、国民のほとんどがムスリムであっても、イスラームを国民統合のアイデンティティに据えることは許されません。

アタテュルクは、イスラーム帝国として六百年の長きにわたって君臨したオスマン帝国が、強大な西欧列強の前に崩れ去るのを目の当たりにしました。内政や外交に宗教指導者が口を挟むことの弊害も知りつくしていました。そこで、新たに建国したトルコ共和国では、徹底的な政教分離政策を採用し、ムスリムの女性が被るヴェールやスカーフでさえ、公の場所での着用を禁止しました。

簡単に言えば、公的な空間でイスラームを掲げることを憲法で禁じたのです。この世俗主義の原則をライクリキといいますが、このような考え方はイスラーム世界にはありません。ヨーロッパのなかでも、もっとも厳しい政教分離政策を実現したフランスから輸入したものです。

ちなみに、フランスではライシテといって、やはり憲法上の原則とされております。アタテュルクが定めたライクリキの原則は、今日でも適用されています。とくに、アタテュルクの理念を継承している軍部や都市のインテリ層は、政教分離を重視する傾向が強く、イスラームが政治や社会に口出しすることを嫌います。数年前に、大国民議会（国会）で、無謀にもスカーフを着用して登院した女性議員がいましたが、彼女は議員資格を剥奪された上、訴追されてしまったくらいです。

そのトルコでさえ、今回、アメリカがアフガニスタン空爆を開始すると、これに反対する人びとはあらゆる世論調査で八割から九割を占めています。当然のことながら、トルコ軍をアフガニスタンに派遣することに対しても過半数の人が反対しています。

この現象に注目する必要があります。国家がイスラームを国民のアイデンティティからはずそうと努力したにもかかわらず、ムスリムは、あっさりと国家の枠組みを超えて連帯感と一体感を表明してしまったのです。ムスリムであるトルコ人たちは、政府がアメリカの「テロとの戦争」を全面的に支持し、軍の派遣を申し出たにもかかわらず、真っ向からこれを批判したのです。

こんなことは、トルコ共和国の歴史始まって以来初めてのことでした。前に書いたように、トルコの人びとは、イスラーム世界のなかで、もっとも強烈な民族アイデンティティ、国民アイデンティティを持っています。にもかかわらず、アフガニスタンのムスリム同胞に対する同情と悲しみ、そして理不尽な攻撃を加えるアメリカに対する怒りは、国民統合の象徴であった民族主義を超越したのです。このことは、ムスリムとしての連帯感や一体性というものが、アフガニスタンへの攻撃という事件によって、にわかに実体化してきたことを示しています。

日本人のように、特定の宗教文明を国民が共有しているわけでなく、同じ民族が島国のなかで暮らしている場合には、最も重要な拠りどころが日本という国家になります。明治になって近代国家を建設したとき、それまで日本人などという意識をほとんど持っていなかった民衆を、あたかも天皇を頂点とするピラミッド状の家族であるかのようにみせて、国民意識を育てたのです。そして、近隣諸国への侵略と支配、戦争をくり返すことによって、効果的にナショナリズムを創り出し、国民を国家の下に統合したのです。

アメリカのように、多数の人種・民族から構成される国家の場合は、人種や民族の違いを超えて星条旗のもとに国民を統合し、国家への忠誠を誓わせるようなメカニズムを持っています。ここでも「戦争」は、アメリカ人の愛国心と忠誠心を高揚させるための最大の道具になっております。

平和な状況が続きますと、みな、個人が豊かでハッピーならば良いということになってしまいますが、戦争となると俄然ナショナリズムを発揮するのは、近代国家に共通の特徴です。アメリカは自身が軍事大国ですので、国家の意思を統一するには「戦争」という武器を使うのが、もっと効果的なのです。

これに対して、イスラーム世界諸国の一連の動きを見ておりますと、国家というものが、人間にとって、必ずしも最大の拠りどころとはなっていないことが分かります。もちろん、前に述べたように、今の世界では、ムスリムもどこかの国家に属していますが、統治者がイスラームに反した行動を取った場合には、国民はそれを批判することを躊躇しません。

国民であることと、イスラームの信徒であることを比べると、それは世俗権力の長とそれに従う者、神とそれに従う者の関係ですので、当然のことながら、後者の方が優越するのです。

イスラーム世界の国家が、アメリカの戦争に対していっせいに危惧の念を抱いたのは、いまや全ムスリムにとって敵とみなされたアメリカを支援することが、ムスリムたる国民の上に立つ統治者として相応しくないという評価を受けることを恐れているからなのです。

国家よりも神の命令を重んじるなどと申しますと、だからイスラームは中世的で遅れているのだという批判が出てまいります。それは、西欧世界での中世のころのようだという意味なのですが、イスラーム世界では、信徒と国家の関係の理念的な関係というのは、たしかに中世以来、さほど変わっていないかもしれません。

先に述べたトルコ共和国は、それをもっとも革命的に変えることに成功し、西欧近代的な国民国家に衣替えさせてしまった唯一の国家ということができます。一般に中東・イスラーム世界諸国で西欧的な意味での「民主主義」が未成熟であることの背景にも、このムスリムと国家の関係が反映しています。

いちいち民主主義の枠組みに従って、国家の意思決定に民衆が参加していかなくても、国家やその指導者が反イスラーム的である場合には、その政権を力で倒してしまうことが誤りだと感じていないところがあるのです。最近では、ワヒド大統領の不正疑惑に対して、民衆が反政府運動を起こして政権から退場させたインドネシアのケースがありますし、イランのように、パーレヴィ王家が民衆の激しい敵意を受けて一挙に崩壊したケースもあります。西欧の先進国から見ると、こういう政権の交代も前近代的、中世的ということになりますが、見方を変えれば、「民主主義のイスラーム的な形態」と見ることもできます。

むしろパキスタンのように、情報機関・警察・軍といった西欧近代国家の所産である暴力装置によって、権力に対する民衆の抵抗を押さえつけることは、この民主主義のイスラーム的形態を機能させなくするわけで、かえって民衆の怒りを煽る結果になりやすいのです。そのため、インドネシアやイランでもそうであったように、最後は軍部が民衆の意向を汲んで政権に引導を渡す役割を引き受けることも少なくありません。

5　ナショナリズムへの連鎖反応

マイノリティの異議申し立てもテロ？

この戦争は、まったく別の面で、もう一つの深刻な問題を引き起こしています。それは、国民国家の枠組みに異議申し立てをしてきたマイノリティへの弾圧を正当化しかねないという問題です。中国政府は、新疆ウイグル自治区でのイスラーム勢力による分離・独立運動を「テロ行為」と規定し、ロシアもまたチェチェン紛争への武力行使を「テロとの戦争」として肯定しました。

スペインの国会では、アメリカによる軍事介入はテロの応酬を招くだけだと反対する野党に対して、アスナール首相は、テロリズムとの戦争に国際的に協力するのはスペインの義務だとして軍事行動への参加を強く主張しました。スペインでは、長年にわたって北部のバスク地方にある分離独立運動のＥＴＡ（バスク祖国と自由）がテロや武装闘争を続けてきました。ＥＴＡと対決してきたスペイン政府にとって、アメリカの軍事行動に参加することが、テロとの戦争を正当化するうえで有効な手段となるという判断があることはまちがいありません。

イスラームと西洋という二つの文明の接点に位置するトルコは、さらに複雑な状況に直面しています。「イスラームと世俗主義」そして「ナショナリズムとマイノリティ」という二つの亀裂が拡大する危険が増大したのです。トルコは、建国以来、政教分離を徹底し国家そのものは世俗主義を貫いてきましたが、国民の九九%はムスリムであり、今回のアメリカのアフガニスタン侵攻には反対する人が多数を占めています。

同時に、トルコはイスラーム世界で唯一のNATO加盟国であり、エジェビット首相はアメリカの作戦行動にトルコ軍を参加させる意向をいち早く明確にしました。軍部も作戦行動への参加に積極的で、伝えられるところでは特殊部隊や地上部隊を派遣したということです。従来、トルコの軍部は広範な国民の支持を得ており、民心が離反するような行動には慎重でした。もしもトルコ軍が、アフガニスタンでの作戦行動に深く関わることになれば、トルコという国のなかで、世俗主義（政教分離）を貫く軍部とイスラームに傾斜する民衆とが対立することになりかねませんでした。

経済危機に見舞われるたびに、トルコでは貧困層を中心にイスラーム勢力への接近が進み、イスラーム色の強い政党が支持を集めています。しかし、世俗主義の憲法原則を堅持する軍部は、これを警戒して、今までに幾度も親イスラーム政党を解散に追い込んできました。一九九七年には政権を担っていた福祉党を解散させて、首相をつとめたネジメデッティン・エルバカンの政治活動を禁じました。二〇〇一年には、その後継政党の美徳党も解散させました。しかしそれでも、議員の多くは新たに幸福党とアク党（アク＝白、明るいの意味）を結成して活動を続けています。実際に政党に解散命令を出しているのは憲法裁判所で、政党の方針が政治にイスラームを持ち込もうとしているという嫌疑をかけては、共和国検察庁が提訴しているのです。

まるで、ひところゲームセンターで流行ったモグラ叩きです。しかし、選挙のたびに親イスラーム政党は支持を集めています。この現象は、世俗主義の国家原則にもかかわらず、イスラーム的社会道徳の復興によって、ひどいインフレによる貧富の格差に象徴される不公正を是正してほしいという民衆の期待を反映していると言えます。

新たに作られた幸福党のクタン党首は、十月九日の大国民議会での演説で、アフガニスタン空爆の即時停止を訴えて次のように述べました。

「血に対して血をもってしても、暴力に対して暴力をもってしても、痛みに対して痛みをもってしても解決にはならない。テロとの戦いが不可欠なことは理解できる。だがそのために罪のない人間が死ぬことがあってはならない」

この主張は、幸福党の支持者のみならず、多くのムスリムが共有する普遍的規範を代弁しています。

一方、政府・与党はまったく異なった主張を展開しています。エジェビット首相は、過去十五年間、クルド分離主義者のテロ集団（ＰＫＫ：クルド労働者党）と戦い続けてきたトルコが、今ようやく国際社会で認知されたと誇らしげに述べました。与党を構成する極右政党、民族主義者行動党のバフチェリ党首は、クルド分離主義者との戦いが「正義」と認められたことを強調すると同時に、西ヨーロッパ諸国が人権抑圧を理由にトルコを非難してきたことをダブルスタンダードとして厳しく非難しています。バフチェリの次の言葉は、トルコの民族主義者の屈折した感情を表していると言えるでしょう。

「トルコが分離主義テロ集団と戦っていた当時、そのことを認めなかった、あるいは認めたくなかった西ヨーロッパ諸国は、アメリカの市民が受けたテロの暴力以降、トルコの正当性を認めるものと期待している」

軍部がアメリカの軍事行動に積極的に参加しようとする理由も同じところにあります。軍の幹部が、ＰＫＫとの山岳ゲリラ戦での豊富な経験を役立てられるという戦術的な利点を強調したのも、胸を張ってクルドゲリラとの戦闘経験をいかせるからにほかなりません。トルコ政府、軍部、そして民族主義者にとって、今回の「テロとの戦争」は、国内のマイノリティによる分離独立運動に対する攻撃を正当化する根拠を提供してくれたのです。

逆に、分離・独立を主張してきた勢力や迫害を受けた人びとにとっては、人権抑圧に批判的だった西欧諸国が、アメリカが掲げる「テロとの戦争」の大義を前に人権問題でのトルコへの批判を抑制するならば支援者を失うことになります。

トルコでは、一九八〇年代の半ばから、ＰＫＫによるテロとそれに対する政府軍の厳しい弾圧によって、双方に十分すぎるほどの犠牲者がでています。多くのクルド人が住む東南部地域では、ＰＫＫと政府軍の両方から敵とみなされることを恐れて、多くの村から村人が逃れて廃村になってしまいました。ＰＫＫの指導者であったアブドゥッラー・オジャランは、一九九九年に逮捕されて裁判にかけられています。その後、ＰＫＫによるテロ事件も目立って減ってきていました。

何とか、暴力の応酬だけは静まりつつあった矢先だけに、国家のナショナリズムと、それに対して異議を唱えてきたマイノリティ（少数者）のあいだに、再び対立を呼び起こすことだけは避けてほしいものです。まるで水戸黄門の印籠のように、「テロとの戦い」という大義を振りかざすことは、ナショナリズムに対抗するエスニシティの問題を抱えてきた国で、対立を煽る危険をはらんでいるのです。

パレスチナの抵抗運動はテロか？

テロ事件、そしてアフガニスタン侵攻が開始されてから、ムスリムの怒りがもっとも激しく爆発したのはパレスチナでした。二〇〇一年の年末にかけて、パレスチナのイスラーム組織であるハマース（イスラーム抵抗運動）による自爆テロが相次ぎました。それに対して、イスラエルは武力で報復し、シャロン首相はパレスチナ自治政府の代表であるアラファトがテロリストを野放しにしているとして統治能力を否定し、十二月には、和平交渉の当事者とは認めないとまで宣言しました。

現在、イスラエルの首相をつとめるアリエル・シャロンは、パレスチナに対する強硬な姿勢で知られていました。二〇〇〇年の九月、右派政党リクードの党首だった彼は、イスラーム教徒にとって聖地の一つであるアル・アクサー・モスクがあるエルサレムのハラム・アッシャリーフ（ユダヤ教徒の呼び名では「神殿の丘」）への訪問を強行し、パレスチナ住民の激しい反発を引き起こしました。

ハラム・アッシャリーフは、ユダヤ教の神殿が埋まっているとされるところから、ユダヤ教徒にとっても聖域なのですが、長年にわたってイスラーム教徒が管理してきました。一九六七年の第三次中東戦争の結果、イスラエルは東エルサレムを占領しましたが、ここにはイスラエルの警官などもむやみに立ち入らず、ムスリム住民を刺激しなかったのです。しかしシャロンは、あえてこの地への訪問を強行してムスリムを挑発しました。

訪問の際に、警官隊とパレスチナ住民が衝突し、四人の死者と百人あまりの負傷者を出しました。その後の一か月のあいだに、パレスチナ人の死者は百人を超え、負傷者は五千人を上回るという悲劇に発展しました。

二〇〇一年二月にシャロンが首相に就任した後、両者の衝突はますますエスカレートしていきます。このシャロンという人物が過去に何をしてきたかについて、ひとつだけ書き留めておきましょう。今から二十数年前のことですが、イスラエルは北隣のレバノンに逃れていた武装勢力による抵抗運動に悩まされていました。一九七八年から、イスラエル軍はしばしば南部レバノンに侵攻し、攻撃を加えてきましたが、一九八二年には首都のベイルートに侵攻し、イスラーム教徒が集中していた西ベイルートを徹底的に破壊します。

このときの作戦を指揮していたのが、当時イスラエルの国防相であったアリエル・シャロンでした。レバノンでのイスラーム教徒への迫害は、イスラエルだけが行なったのではありません。レバノンにいるキリスト教徒が組織したファランジュ党の民兵が、イスラエルを後ろ盾に虐殺を行なったのです。ベイルート占領後、このキリスト教徒たちの指導者だったバシル・ジュマイエルという人物がレバノンの大統領に就任することになったのですが、彼はすぐに暗殺されてしまいました。

この暗殺事件への報復として、キリスト教徒の民兵たちは、ベイルート近郊にあったサブラとシャティーラという二つのパレスチナ難民キャンプを襲撃して千数百人の難民を虐殺します。そのとき、ベイルートを占領していたイスラエル軍を指揮していたシャロン国防相は、事態を知りながら見て見ぬふりをしたのです。

当然のことながら、イスラエルのベイルート占領は国際的に厳しい非難を受け、シャロンも難民虐殺に加担したとして責任を追及されました。しかし、イスラエルに対するパレスチナ人の抵抗運動が激化すると、彼のようなきわめて暴力的な強硬派への待望論がイスラエル世論に高まるのです。

ここで、過去十年間のパレスチナ問題の推移を簡単に振り返っておきましょう。一九九三年にパレスチナの暫定自治を実現するためのオスロ合意が成立して、パレスチナ和平交渉には一瞬明るい光がさしたかのように見えました。そのときのイスラエル側の代表はラビン首相、パレスチナ側はＰＬＯ（パレスチナ解放機構）のアラファト議長、そしてアメリカのクリントン大統領が仲介役となりました。

その結果、イスラエルとＰＬＯは相互を承認すること、ガザとエリコでの暫定自治の開始、イスラエル占領地の最終的な扱いを決める交渉を行なうことなどが合意されました。九五年にはイスラエル軍の占領地域からの撤退も始まったのですが、その矢先、和平交渉を進めてきたラビン首相が和平に反対するユダヤ教徒の過激派によって暗殺され、状況は一変してしまいました。後継のペレス首相も和平推進を図ったのですが、イスラーム組織のハマースが連続してテロ事件を起こし、イスラエル世論は一挙にパレスチナとの和平に背を向けてしまいました。

その後、強硬派のネタニエフ政権が成立して和平プロセスは中断、九九年になってふたたび労働党のバラクが首相になって和平推進を図りましたが、二〇〇〇年七月に行なわれたキャンプデービッドでのアラファト議長との交渉は決裂してしまいます。そして、九月には先に書いたようにシャロンによるハラム・アッシャリーフ訪問によって、最悪の事態へと突き進んでいったのです。

シャロン政権の誕生後はオスロ合意の実現が遠のいたばかりか、パレスチナ自治区へのイスラエル軍による侵攻まで頻発し、パレスチナの人びとは閉塞感を強めていきました。ハマースを中心とするイスラーム勢力の側も自爆テロによる抵抗を活発化させました。それに対して、イスラエル軍は空爆や戦車による砲撃はもちろん、ハマースのような強硬派ばかりでなく、ＰＬＯの施設や要人の暗殺までおこない、両者の関係は出口の見えない最悪の状況になってしまいました。

九月の同時多発テロ事件は、パレスチナ問題に焦点を当ててみると、このような状況のもとで発生したのです。ですから、シャロンがアメリカ政府に対して、テロとの戦争を強く支持したことは当然でありました。イスラエルにしてみれば、ハマースなどの自爆テロに直面しているイスラエル市民の姿を、未曽有のテロの惨禍を経験したアメリカ市民の姿にだぶらせることで、テロと戦う自分たちを正当化したのです。

アメリカの敵⇓イスラーム・テロリスト組織（ウサマ・ビン・ラディンとアル・カーイダ）
イスラエルの敵⇓イスラーム・テロ組織（ハマースやイスラーム・ジハードなど）

こうして並べてみると、イスラエルがアメリカと同じ立場にあると主張したかった理由がよくわかります。

シャロンが率いるイスラエル政府が正当化しようとしたのは、テロとの戦いだけではありません。パレスチナ人の激しい抵抗を招いたハラム・アッシャリーフへの訪問や占領地での入植をはじめ、パレスチナに対するあらゆる占領政策を正当化しようとしたのです。

その一方で、テロ事件が発生した直後、今から思えばほんの一瞬でしたが、イスラエル政府もパレスチナ自治政府側も衝突を回避しようとしました。テロ事件のあまりの規模の大きさ、アメリカの怒りのすさまじさに、この事件をパレスチナ問題に利用することの危険性を双方が認識したのでしょう。アラファトが、被害者のために自ら献血する姿をメディアに公開したのも、そのためのパフォーマンスのひとつでした。

アメリカ政府は、テロ事件がきっかけとなって対立がエスカレートすることで、「テロとの戦争」への中東・イスラーム諸国の協力を得られなくなることを危惧していました。テロ事件の直後から、テロ事件の背景には、パレスチナ問題をはじめとするアメリカの中東外交政策が、イスラーム組織の激しい怒りをかってきたことがあるという推測がなされていました。

アメリカ政府は、テロ事件にパレスチナ問題を絡ませると不利になると判断しました。

そのため、イスラエル政府とパレスチナ自治政府の双方に強く働きかけて、事件後の九月二十六日には停戦合意に持ち込ませたのです。さらに、十月に入るとブッシュ大統領自身が、「パレスチナ国家」の樹立を視野にいれて、今後の交渉をすすめるべきだと発言しました。イスラエル寄りの外交姿勢をとってきたアメリカにしては、ずいぶん踏み込んだ発言です。

これに慌てたのがシャロンでした。すかさず強く反発し、「我々は第二次大戦前夜のチェコスロヴァキアではない」と述べて、アメリカと同盟国の姿勢を強くけん制しました。第二次大戦の直前、ナチス・ドイツは、チェコスロヴァキア領内でドイツ系住民が多かったズデーデン地方の割譲を求めて画策しました。チェコ政府は必死に抵抗しましたが、戦線がヨーロッパ全土に拡大することを恐れたイギリスやフランスまでがヒトラーと妥協を図り、ミュンヘン会議（一九三八年九月）でドイツのズデーデン併合を認めてしまいました。強国がよってたかってチェコを見殺しにしたのです。

ナチスによるチェコ解体は、これだけにとどまりませんでした。翌年にはモラヴィア・ベーメン地方を併合し、スロヴァキアも一度独立させてからドイツの保護国にしてしまいました。チェコスロヴァキア共和国は第一次大戦後に独立を果たしてからわずか二十年で大国の利害のもとに消滅したのです。

シャロンの発言は、アメリカや西欧諸国がイスラエルの犠牲のもとにアラブ諸国の協力をとりつけて「テロとの戦争」を有利に運ぼうとすることへの怒りを爆発させたものでした。しかしアメリカ政府は、このシャロンの発言に反発します。今まで、国際社会のなかで孤立するのを救ってきたのは誰だと思っているんだ？　という調子で、アメリカ政府の報道官はシャロンの発言に不快感を表しました。

そうこうしているうちに、事態はますます悪化していきます。十月十七日にイスラエルのレハバム・ゼエビ観光相がＰＦＬＰ（パレスチナ解放人民戦線）というパレスチナ組織によって暗殺されました。この組織はイスラーム色のない民族解放運動の組織です。ゼエビ観光相という人物は、極右の国民連盟という政党を率いてリクードとの連立内閣に加わっていましたが、パレスチナ側との妥協を認めず、アメリカの圧力でパレスチナ自治区からイスラエル軍が撤退することに反対して、閣僚を辞任しようとしていたところでした。

この事件の後、イスラエル軍はパレスチナ自治区への侵攻をつづけ、ヨルダン川西岸やガザで、幾度も住民との衝突をくり返し、多くの犠牲者を出すことになりました。アメリカ政府は二十三日にブッシュ大統領がイスラエルのペレス外相と会談して、イスラエル軍の撤退を求め、国連のアナン事務総長も二十四日にイスラエル政府の動向を批判し、軍の撤退を求めましたが、シャロン政権はもはやそれを聞き入れようとしませんでした。

同じ二十四日、ヨルダン川西岸のパレスチナ自治区ラマラ近郊でイスラエル軍の攻撃をうけたパレスチナ人十人が死亡。ゼエビ観光相暗殺後のイスラエル軍侵攻によるパレスチナ人の死者はこの日までに四十人に達しました。二十五日になって、イスラエル政府はアメリカ政府や国際世論の圧力を受けて、ようやく軍の撤退を決めますが、二十八日にはイスラエル中北部のハデラで武装したパレスチナゲリラが歩行者に銃を乱射、三人が死亡、約三十人が負傷する事件が起きました。結局、軍の撤退は延期されました。

三十一日にはイスラエル軍がパレスチナ自治区へブロンにあるハマース幹部の自宅をミサイルで攻撃。十一月にはいってもイスラエル軍によるハマース幹部暗殺は続きます。これに対して、ハマース側も連続して自爆テロを起こしていきます。十二月一日、エルサレムの中心で二件の自爆テロを敢行し市民十人が死亡、百六十人あまりが負傷、二日にはハイファで路線バスを爆破して十四人が死亡、約四十人が負傷してしまいます。

イスラエルはこの爆弾テロに対する報復として、パレスチナ自治区のガザに侵攻し、自治政府のアラファト議長の公邸近くまで戦車を進め、ミサイルで攻撃しました。十二月三日、シャロン首相はパレスチナ自治区に対する軍事攻撃を「テロとの戦いであり、イスラエルはアメリカと共同歩調をとっているのだ」と言明します。そして、テロを抑止できないアラファト議長こそ、和平の最大の障害だとして激しく非難しました。

イスラエルの攻撃目標は、もはやハマースやPFLPのような武装勢力にとどまりませんでした。パレスチナ自治政府の施設や自治区全体を「テロとの戦争」のターゲットにしたのです。アラファト議長は、ハマースの幹部を拘束したり、指導者を軟禁状態においたりしましたが、イスラエルは攻撃の手を緩めません。十二日にはヨルダン川西岸のユダヤ人入植地で路線バスが襲撃され、イスラエル人十人が死亡、三十人あまりが負傷しました。この事件ではハマースなど複数の組織が犯行声明をだしました。

そして十二月十三日、シャロン首相はついにアラファト議長との絶縁を宣言したのです。アラファト議長との絶縁、つまり交渉相手として認めないという宣言は、オスロ合意によるパレスチナ暫定自治の枠組みを破棄すると述べたに等しいものです。さすがにイスラエルの閣議では、ペレス外相など和平推進派が抵抗して、アラファト議長自身を攻撃や暗殺の対象にはしないという線で踏みとどまったと伝えられていますが、十年間の和平への模索は最大の危機を迎えたことは否定しようがありません。

パレスチナ問題自体がこう着状態にあったのは、アメリカでの同時多発テロ事件の一年以上前からでした。しかしテロ事件以降のパレスチナでの一連の衝突を見てまいりますと、もともと強硬派であったシャロンの暴力的・高圧的な姿勢が事態を悪化させていることはもちろんですが、アメリカの唱えた「テロとの戦争」のレトリックをイスラエル政府が利用していることがわかります。

非道なテロには「戦争」をもってのぞむという主張に正当性があるならば、イスラエルは、アメリカよりもはるかに正当性の根拠をもっております。ハマースなどイスラーム組織によるジハードをうたった自爆テロの脅威には日々さらされていますし、それ以前にも民族解放組織によるテロ攻撃なら数え切れないほどありました。

　しかし、そもそもイスラエルという植民国家の成立自体が、先住民だったパレスチナ人の犠牲の上に成り立っています。何世紀にもわたって西欧世界で差別と迫害を受け、ナチス・ドイツによる未曽有のホロコーストを経験したことは、約束の地に国家を建設するというユダヤ人のシオニズムに拍車をかけました。もちろん、できたばかりの国連でも世界の同情を集めました。こうして一九四七年、ユダヤ人国家イスラエルの建国が、パレスチナ分割決議というかたちで国連で承認されたのです。

　しかし、この地に住みつづけていたパレスチナ人にとっては、突然、頭上にユダヤ人の国家が覆い被さったうえに、自分たちの権利が著しく制約されたのですから承服できるはずはありませんでした。したがってユダヤ人の支配に異議を申し立て、必要に応じて力で支配者と戦うことは民族解放運動としての正当性をもっております。

　一九六七年の第三次中東戦争では、国連も承認していない領域までイスラエルが武力占領してしまいました。この事態に、国連も武力占領を認めず、占領地からの撤退を求めつづけました。しかしイスラエルは、後にエジプトとの単独和平によってシナイ半島を返還しただけで、シリアから奪ったゴラン高原をはじめパレスチナを占領しつづけたのです。

　半世紀にわたって、自由と権利の回復のために戦いつづけ、それでもなお解決の糸口を見出せないパレスチナの人びとが、頼れるものならば何にでも頼ろうとすることを批判することはできません。誰にも、彼らを批判する権利はありません。

もう少し政治的な問題に立ち入って見てみましょう。一九九〇年代に入ってからパレスチナ側を代表する政治勢力でありアラファト議長が率いるＰＬＯ（パレスチナ解放機構）は力を失いました。湾岸戦争のときに、アラファトは大きなミスを犯しました。イラクのサッダーム・フセインがクウェート侵略を正当化しようとして吹聴したパレスチナ問題とのリンケージ論（クウェート占領の結果、アメリカなどがイラクを攻撃するのは、背後に中東・アラブ世界を牛耳るシオニズムのイスラエルとアメリカがいるからだという主張）に乗っかってしまったのです。

そのため、従来、アラブ民族の大義としてパレスチナに支援してきたサウジアラビアなどの湾岸産油国がいっせいにパレスチナへの経済支援を止めてしまいました。それだけでなく、産油国で働いていた多くのパレスチナ人を追放したため、彼らがパレスチナのために払ってきた解放税という税収入も失いました。

中東政治でアメリカと拮抗してきたソ連や社会主義諸国の崩壊も追い討ちをかけました。冷戦の崩壊と湾岸戦争の際の戦略的ミスが重なって、アラファトとＰＬＯはイスラエルと張り合うだけの政治的・経済的力を失ってしまったのです。

このような状況のもとで、最後にパレスチナの民衆を現実的に支えてきたのは、ハマースをはじめとするイスラーム組織でした。彼らは、戦争による孤児の世話から生活困窮者への支援、自分たちの生存を脅かす敵、イスラエルとの命をかけた戦いまでを一手に引き受けています。

ハマースという組織の盛衰はパレスチナ人の不満をバロメーターのように表すといわれています。政治勢力を代表するPLO（パレスチナ解放機構）が、パレスチナ人の権利回復という役割を果たせないとなりますと、民衆のなかでもムスリムたちは、ハマースのような組織に最後の望みを託さざるを得ないのです。

アメリカでのテロ事件が起きてから、イスラーム組織による自爆テロがイスラーム的に正しいものかどうかという議論が、ずいぶんマスコミで取り上げられました。穏健なイスラーム指導者たちは、イスラームで自殺を禁じていることや、罪もない人間、弱い立場の子どもなどを無差別に殺戮するテロに正当性はないという主張を展開しております。

それはそのとおりです。ただし、半世紀にわたって出口のみえない苦しみのなかにあってムスリムとして信仰生活を守ってきた人びと、夫や妻や子どもや親や兄弟を理不尽な暴力によって奪われつづけてきた人びとに、なおもこのテロ否定の論理を押し付けることができるでしょうか。彼らにテロ否定の論理を説くことは、ムスリムが抱くイスラーム的公正の観念からみて、私には無理があると思えるのです。

アメリカでの同時多発テロ事件が起きた後、国連を舞台に包括的テロ防止条約が審議されました。国連総会の第六委員会での議論は、中東・イスラーム世界諸国と西欧諸国のあいだで意見が分かれ、結局、成案を得ることができませんでした。

イスラーム世界諸国は、民族自決を求める運動のなかで武力を行使しても、それをテロとはみなさないことを求めましたが、アメリカやイスラエルはこれに反対しました。この要求がパレスチナでの解放運動を指していることは明らかです。

逆に、アメリカやイスラエルをはじめNATO諸国は、国家の正規軍による武力行使をテロとはみなさないこと（軍事適用除外条項）を求めたのですが、これにはイスラーム世界諸国が反対しました。

この対立は、日本ではさほど議論になりませんでしたが、「テロとの戦争」が内包する矛盾を表している点で重要です。現代世界は、国家から成り立っております。その国家は、国民から成り立つものとされております。それでは、国民の定義とは何かを考えてみますと、これはそれこそひとつひとつの国によって、実にさまざまな違いがあります。

しかしながら、一つの民族が一つの国家を成すべきである、あるいは、できるかぎりそうあるべきだという考え方は、十九世紀以来、一つの理念として存在しておりました。国家のなかには、日本やドイツ、そしてイスラエルのように、一民族一国家の装いを強くしている国もあります。

しかしその一方で、アメリカのように、元来が移住者によって先住民を駆逐することで成立し、その後も世界から移民を受け入れてきた国では、多民族から成り立つことを前提にしなければなりません。今では、事実上存在しませんが、かつての大英帝国やオスマン帝国のように、広大な領域と多くの民族を統治した国家も、多民族から成ることを前提にしていました。この場合は、出自の民族は異なっていても、それらを一つの国民として統合するための別の理念が必要になります。

このような国家像を、通常、私たちはまとめて国民国家と呼んでおります。もとの英語は nation state ですので、nation に「民族」という意味を与えるならば、ドイツや日本のような民族国家ということになります。一方、単一の民族では成り立たない国家の場合には、nation には「民族」という意味よりも「国民」という意味の方が、より強くこめられています。

ですから、ひとくちに国民国家といっても、国民が誰のことを指しているのかによって、国家のありかたは大きく異なってしまうのです。多民族から成り立つことを前提にして国民概念を組み立てている国家では、いずれか一つの民族に支配的な権力を与えることはできません。もし、それをすると、かならず国内に民族紛争が発生して国家としてまとまることができないからです。

多民族から成るアメリカ合衆国が、外国との戦争になると、とたんに星条旗のもとに一致団結していく姿には、戦争によるナショナリズムの高揚を国家統合にうまく利用してきたことが見事に表れています。

一方、実際には複数の民族から構成されていながら、単一民族国家を装っている場合には、必ずといってよいほど、マイノリティ（少数民族ということもありますが、必ずしも実際の数が少ないとは限りません）による異議申し立てが発生します。この場合、支配的な民族が彼らの言葉を「国語」として定めてしまったり、彼らの価値観や社会規範を他の少数民族に押し付けることが多く、このことがマイノリティ側の権利を制約したり差別につながるからです。

外からの入植者が強引に民族国家を建設したイスラエルの場合は、征服者が先住民を閉じ込めたり、追放してしまったようなものです。したがって、先住民であるパレスチナ人の側が、異民族であるユダヤ人の支配に甘んじなければならない理由はありません。権利の制約を受け入れなければならない理由もありません。まして、支配者によって土地や家族を奪われる理由などありえないことです。

ですから、パレスチナ人が民族を解放し権利を確保するためにイスラエルと戦うことに対して、外から「イスラエルという国ができてしまったのだから諦めなさい」と言うことはあまりに理不尽なはなしです。

ＰＬＯ（パレスチナ解放機構）は、イスラエルという国家そのものを認めないという姿勢をとり続けてきました。一九九三年のオスロ合意によって、ようやくＰＬＯがイスラエルを承認し、イスラエルも将来のパレスチナ国家樹立を視野に入れたパレスチナ自治政府を承認するという相互承認が成立したのです。

九三年九月にワシントンで暫定自治宣言（オスロ合意）に両者が署名したとき、イスラエルのラビン首相は「もう血と涙は十分すぎるほど流された」と述べましたが、イスラエルにとっても、パレスチナにとっても、この言葉以外に、和平を実現するための理屈はないのが現実なのです。

パレスチナ側による抵抗運動の根拠を否定することはできません。かといって、イスラエルという国家を否定することも現実にはできません。他者が外側から、パレスチナ人に抵抗運動を諦めなさいということもできません。そうであるならば、平和をもたらすことができるのは、血と涙に対する人間としての悔悟をおいて他にはありません。国家の尊厳や権威、そして国民概念や国家統合の原理といったものから、平和を導きだすことは、実のところ不可能といってよいのです。

話を「テロとの戦争」にもどしましょう。ある国家に生きるマイノリティ集団による異議申し立てが認められないとき、彼らはどうしたらよいのでしょう。民主主義が制度としても保証されているならば、政治に訴えていくことも可能でしょう。しかし、他に訴える手段がないとき、彼らが武力やテロに訴えることをどうみなすか、私たちに突きつけられている問題はそこにあります。

テロ行為は、戦闘要員ではない一般の人びとの命を理不尽に奪うという一点において、私は正当性を認めることができません。しかしながら、他に手段を持たない人びとがテロによって異議申し立てを行なうことに対して、国家が「戦争」の名を冠してこれに挑み、同じく一般人の命を奪うのならば、そこにも正当性を認めることはできません。正規軍による行為もまた国家テロではないかという主張にも根拠があると思うのです。

それでは、双方が力の限り戦いつづけ、民衆を恐怖に陥れ続けるのを黙って見ているしかないのでしょうか。当事者自身が、血で血を洗う理不尽な殺戮を止めたいと願うならば――人間というものの愚かさと悲しさを改めて認めざるをえないのですが――ラビン首相が述べたように、「もう十分だ」というまで暴力の応酬を続けるしかないようです。

しかしながら、直接衝突していない非当事者の諸国家は、マイノリティの異議申し立てが暴力の応酬による惨禍をもたらす前に、これを抑止する責任を負っております。この責任は、イデオロギーや体制による陣営の利害を前提にしてはなりません。同様に、宗教や文明による規範の相違を前提にしてもなりません。

それでは国連の掲げてきた理念と同じではないか、その国連がもはや紛争調停機能を失っている現実を直視しない戯言ではないかと言われるかもしれません。しかしそれは国連の理念に問題があるのではなく、紛争調停機能を失わせた国家に責任があるのです。自国の利益のために、地球上のどこかで生存の危機に瀕している人間を見殺しにすることが、人道に対する罪であります。

このことを受け入れる前に、国家の正規軍による武力行使はテロに当たらないという主張を受け入れることは私にはできません。なぜなら、この主張を受け入れてしまうがゆえに、同盟国の国家やジャーナリズム、そしてアカデミズムもまた、衝突の現場で命を奪われる人間の姿から目をそらし、問題を大所高所から評論家的に論じることに疑問を抱かなくなるからであります。

6　イスラームの何を誤解してきたのか

イスラーム対キリスト教という誤解

　ここでイスラームという宗教とムスリムという人間について、おそらく日本人や西欧世界の人びとが誤解している点にしぼってまとめておきましょう。いうまでもありませんが、他者に対する無知ほど恐ろしいものはありません。まして無知にもとづいて他者を傷つけることは、その恐ろしさにおいて並ぶものがありません。奇妙といえば奇妙なことですが、世界に十二億とも十三億ともいわれるムスリムに対する無知ゆえに、この戦争のもつ危険性を見逃すならば、二十一世紀の世界は危機に陥るでしょう。にもかかわらず、テロ事件以降、今日までの報道を見る限りでは、あまりにでたらめな理解が多すぎるように思われます。

　最初に、あまりに馬鹿げた誤解からお話ししましょう。それは、テロ事件や戦争の背後に、イスラーム対キリスト教という宗教対立が存在するという見方です。もう少し詳しくいうと、イスラーム教徒の側が、キリスト教を不倶戴天の敵のように嫌っているから、今回のテロ事件が起きた、それに対して、アメリカと同盟国は文字通り「十字軍」によるイスラームへの反撃を行なったというものです。

この説の後半部分、つまりアメリカによる戦争に関しては、ブッシュ大統領自身が「十字軍」と口を滑らせたことから分かるように、西欧のキリスト教徒には、ある程度当たっているかもしれません。

しかし、注意しなければならないのは、イスラーム世界の側がキリスト教徒を敵視してはいないという点です。前に書きましたように、イスラームでは、神の啓示はイスラーム以前にも何度も人間に下されたと考えます。モーゼにも、イエスにも啓示は下されたのです。したがって、ユダヤ教徒もキリスト教徒も、同じ唯一神からの啓示を受けた集団であるがゆえに、「啓典の民」として他の多神教の信徒よりも親しい存在と認識していたのです。

そして、ユダヤ教徒とキリスト教徒を比べた場合、キリスト教徒の方により親近感を感じていることは、コーランを読むとすぐに理解できます。モーゼは偉大な預言者とされていますが、ユダヤ人たちは彼らだけが啓示を授かったという選民思想を強調したため、コーランで厳しく批判されています。

それに比べると、聖母マリアに対して「マルヤム＝マリア」という章まで設けて、彼女がアッラーの力によって預言者イエスを授かった経緯を詳しく述べております。天使ガブリエル（アラビア語ではジブリール）がマリアに受胎告知をする場面は、コーランで次のように描かれております。

「『わし（ガブリエル）はただ汝の主のお使いとして参ったもの。汝に無垢な息子を授けるために』という。『なんで私に息子などできましょう。私は男に触れられたことのないからだ。淫らごころもないものを』といえば、『いや、汝の主の仰せには。〝わしにとってはいとたやすいこと。それに、その子（マリアの生む子）をぜひ人間への神兆とも、また我ら（アッラー）の慈悲の（あらわれ）ともしたいと思う。とにかくこれはもう決まってしまった事〟と』

こうして彼女は身籠って、その子を腹に、人目をさけて引籠った」

（マルヤムの章、十九〜二十二節）

イエスは、イスラームの神と同一の神によって、この世に生を受けたとされております。この一文を読んでも分かるとおり、イスラームにはキリスト教を頭から嫌う理由などないのです。ただし、この節のすぐ後に、「もともとアッラーにお子ができたりするわけがない。ああ、恐れ多い。何事でも、こうとお決めになったら、『在れ』と仰るだけで、そうなるほどのお方ではないか」と書かれておりますので、キリスト教徒が、後にイエスを「神の子」として扱ったことに対しては批判しております。

イスラームが誕生してから千数百年のあいだ、キリスト教世界とイスラーム世界との間には、平和な関係が長続きしませんでした。中世には十字軍の遠征があり、近代にはヨーロッパ列強諸国によるイスラーム世界への支配が行なわれました。

近代にはいる前の十五世紀から十七世紀にかけて、巨大なイスラーム帝国として隆盛を誇ったオスマン帝国が、ヨーロッパ諸国と力を競っていた時代には、それなりに力のバランスが保たれていましたが、キリスト教徒側はイスラーム教徒に対して親近感を抱いていたわけではありません。

つまり、お互いの相手に対する意識には、過去から現在まで、一貫して大きなずれがあるのです。今でもそうですが、ムスリムはキリスト教徒のことを嫌っておりませんが、キリスト教徒にはムスリムを嫌う人が多いのです。ヨーロッパ諸国に住んでいるムスリム移民と話しているとすぐに気がつきますが、彼らは、西欧社会のある面を嫌っています。たとえば、アルコールや麻薬に対して寛容すぎること、家族の一体性よりも個人を尊重すること、セックスに関する社会的倫理が崩壊していること、そして同性愛に寛容なことなどは、ムスリムにとって西欧社会の病理と映っております。

また、西欧世界が近代以降に力でイスラーム世界を支配しようとしたこと、いまでもイ

仏教徒、イスラーム教徒、キリスト教徒共同の反戦行動
（2001年10月11日、タイ・バンコク）

スラームやムスリムに対して偏見や差別感を抱いていることにも強い不満を持っております。これは、パレスチナ問題に代表されるような深刻な対立の種を蒔いたのが、イギリスやフランスなどヨーロッパ諸国であったという歴史認識に根ざすものです。

しかし、ヨーロッパ人がキリスト教徒であるがゆえに嫌いだというムスリムに出会ったことはありません。今、ヨーロッパで暮らしているムスリム移民が嫌っているのは、むしろ、キリスト教の倫理を捨ててしまったヨーロッパ社会なのです。人間の理性の優位を信じて、神をないがしろにしてきたヨーロッパ社会に対して不満を抱いているのです。

ここのところを見誤ると、とんでもない誤解をしてしまいます。一つ例を挙げておきましょう。オランダには、キリスト教民主勢力（ＣＤＡ）という政党がありますが、オランダに住んでいるトルコ系やモロッコ系のムスリム移民のなかでも宗教的に保守的な人びとほど、このキリスト教政党を支持する傾向があります。

キリスト教政党ですから、家族を大切にすることや麻薬の扱いについても、他の政党に比べると保守的です。ムスリムたちは、その点を支持しているのです。この政党には、現在、敬虔なムスリムであるトルコ出身の移民が国会議員として活躍しているくらいです。

中東の世界でも同じです。私はかつてシリアのダマスカスに住んだことがあります。この歴史的都市には、ユダヤ教徒、キリスト教徒、そしてムスリムも一緒に暮らしておりますが、ムスリムがキリスト教徒を敵視するようなことを口にするのを聞いたことはありません。

シリアの北部に、アレッポという、これも古い都市があります。この町には、第一次大戦のころ、トルコを追われたアルメニア人が難民として殺到いたしました。彼らは正教徒、カトリック、そしてプロテスタントもおりますがキリスト教徒です。

トルコから逃れてくる途中で多くの人びとが犠牲になったといわれておりますが、命からがらアレッポにやって来たアルメニア人たちを保護したのは、キリスト教徒だけではありませんでした。アレッポも古くからムスリムとキリスト教徒が共生してきた都市ですが、裕福なムスリムの都市民たちもアルメニア人を保護したのです。アレッポのアルメニア人たちは、今も、このことを語り継いでおります。

フランスは、この地域を支配しようとして、キリスト教徒とムスリムの対立を煽る分割統治という手法を使いました。実際、レバノンではそれが功を奏して、後々、キリスト教徒とスンナ派ムスリム、シーア派ムスリムのあいだに激しい内戦が起きてしまうのですが、シリアではこの企みは失敗しました。ダマスカスでも、アレッポでも、長い年月を共に暮らしてきたムスリムとキリスト教徒は、容易にヨーロッパ列強の策略には乗らなかったのです。

このことを見ても、ムスリム側がキリスト教徒を敵視しているというのは、西欧世界によるイスラーム世界の支配という歴史的文脈のなかで創りだされた言説にすぎないことがわかります。

さて、日本の新聞に、この点をみごとに誤解したコラムが掲載されておりました。

「何げなく見ていた十字架。それを忌み嫌う人たちがいることを知ったのは、内戦の取材で初めてアフガニスタンを訪れた八九年の春だった。……病院での取材を終え、帰ろうとした時、救急車が目にとまった。白い車体は日本と同じだがマークが違う。見慣れた赤十字ではなく、赤い三日月だった。地元の人は赤新月と呼んでいる。毎朝、モスクから流れる礼拝の呼びかけよりも、人びとの祈る姿よりも強く、この時『ああ、自分はイスラムの国にいるのだ』と感じた。歴史の授業で十字軍のことは学んだ。それがキリスト教徒とイスラム教徒の戦争だったことも知ってはいた。だが、赤十字として使うことすら受け入れられないほどイスラム圏で『十字架』が嫌われていようとは……人間の想像力は、自らの経験や見聞の延長線上にあり、そこからなかなか抜け出せない。異なる文化を理解することの難しさを痛感した」

（「窓」論説委員室から、二〇〇一年十月二十四日付け朝日新聞）

たしかに、イスラーム世界では赤十字の代わりに、赤新月（実際には新月では見えないので細い三日月）を使います。しかし、だからといって何だというのでしょう。それは、わざわざキリスト教のお印に似た十字を使わないというだけのことで、キリスト教徒に対する憎しみとは何の関係もありません。

ちなみに赤十字のマークはスイスのジュネーブで設立されたことに敬意を表して、スイス国旗の色を逆にしたものであって、直接十字架からとったものではありません。そもそも、赤十字自体、キリスト教の組織でもありません。イスラーム世界諸国も、もしそれほど十字架が憎いなら、赤十字・赤新月社連盟（国際赤十字の正式名称）に加わらないでしょう。

この論説委員のコラムは、まるでイスラーム教徒がキリスト教徒に敵対しているように読めます。タリバンのように孤立した閉鎖的集団なら、キリスト教と聞いただけで「敵だ」と思いこむかもしれませんが、一般のムスリムにはこの感覚はないのです。にもかかわらず、このような誤解をしていると、今回の戦争まで、あたかもイスラーム対キリスト教の戦争であるかのように見えてしまいますが、大半のムスリムにはその認識はありません。

女性の人権とイスラーム

今回、アフガニスタンへの武力行使が始まっても、日本国内では、さほど反戦を主張する言論が活発であったとは思えませんでした。このことに関連して、私にはずっと気になっていることがあります。もしも、イスラームという宗教が民主主義や人権に対して抑圧的であると思われたがゆえに反戦論の矛先が鈍ったのであれば、イスラームに関わる研究者として、正確な理解を得るための努力が足りなかったことになります。

十一月十七日、アメリカのローラ・ブッシュ（大統領夫人）が、異例のラジオ演説を行ないました。そのなかで、タリバンを女性の人権を抑圧する組織と断定し、このような組織は破壊しなければならないと主張しました。タリバンが女性の頭部から上半身をすっぽりと覆うブルカというヴェールの着用を義務づけたこと、女性に教育を受けさせなかったことなどは、早くから指摘されていました。

この種の指摘に対して、はじめに申し上げておかなければならないのは、だからといって戦争を肯定する論理にはなりえないということです。理由は簡単なことです。タリバンに向けて落とされた爆弾は男女を識別いたしません。犠牲者のなかに、女性がいなかったという証拠がどこにありましょう。タリバンに対する武力攻撃の最中に、「女性を抑圧する」という主張がなされること自体、そこには戦争を肯定する世論を醸成する意図しかありません。

次に、具体的な問題を検討してみましょう。タリバンが女性に対する教育を禁じたことは非難されて然るべきです。そもそも、イスラームが女性に学問を禁じているわけではありませんし、現代の世界では、高等教育を受けた女性の社会進出は、イスラーム世界でも進んでおります。よく例に出されるのですが、トルコ、バングラデシュ、パキスタン、インドネシア、これらの国はいずれもムスリムが人口の大半を占めていますが、女性の首相や大統領を出しております。

その点だけをみても、女性の教育を禁じているのはタリバンの問題であってイスラームの問題とはいえません。それをいうくらいなら、日本人はまず自分の社会をよく見てからにすべきでしょう。ほんの二十年前まで、日本でも女性の方が明らかに男性よりも低学歴にとどまっていたはずです。

一方、先ほど例に挙げた国々で、男女の社会的・経済的平等が成り立っているのかといえば、そうではありません。とりわけ、教育の機会が男女で均等になっていないという問題は、イスラーム世界の諸国における男女の不平等の原因になっております。簡単に言ってしまえば、高等教育を受けることができて、経済的にもかなり裕福な家の女性であれば社会進出の機会を持ちうるのですが、そうでない女性には極端に機会が少ないという問題なのです。したがって、貧困層が厚く、中間層から富裕層がごく一部しか存在しない社会において、この問題は一層深刻なものになります。

さらに、どこで暮らしているのかという条件も強く作用いたします。具体的にいえば、都市住民であるのか、農民であるのか、あるいは遊牧民であるのか、ということです。都市住民の場合、高等教育を受けていなくても生計の手段が多様であります。商いを営む人もいれば、工場で労働者として働く人もおりますし、事務的な仕事をする人もおります。しかし、多くが発展途上国であるイスラーム世界の場合、都市の底辺層にとって、雇用は安定しておりません。農村から流出する人口が多い場合には、どうしても都市の労働者が過剰になってしまうので、賃金も安く、不景気になると簡単に失業することも少なくありません。こういう状況では、家計を支えるために妻は否応なく働かざるを得ないことがあります。男性の方から、女性が社会に出るのは嫌だなどといえない状況にあるのです。

ですから、ヴェールを纏っていようが、女性は家から出て社会進出をしていくことになります。しかし、教育のために投資するかというと、これは貧困の程度によります。おそらく、家族の中で教育を受ける優先順位は男の子に与えられるでしょう。ここには明らかに差別的な構造があるのですが、これはイスラームとはほとんど関係ありません。日本でも女性のほうが低学歴にとどまりがちであったことを考えれば、男女の格差が宗教の問題でないことはすぐに気づくはずです。

ただし、男性としての権威を保ちたい人が、妻や娘に支配的で高圧的な態度を取ろうとする時に、イスラームの指導者から助言を受けようとすること、あるいは、指導者の助言を自分に都合よく解釈して押しつけようとすることがあります。教育を受けていない男性にみられる傾向ですが、都市の底辺層のあいだでは経済的問題が深刻で、日常生活にも相当な不満や不安が満ちています。苛立つ男性たちに、家庭の中での安定を与えようとするとき、イスラームの指導者が、せめて家庭の中での権威を付与しようとする傾向は否定できません。つまり、根本的には男性性にもとづく優位を示したいという男性の思いを、イスラーム指導者が倫理的規範としてお墨付きを与えるわけです。

一方、農村や遊牧社会では仕事の内容が都市よりもずっと固定されていますし、簡単には変化いたしません。都市では、タクシーの運転手をしていた人が、次の日にはバザールの売り子になっているというようなことは珍しくもありません。しかし、きのうまで羊を飼っていた遊牧民が、きょうから野菜づくりを始めるなどということは、ありえないといってよいでしょう。そのため、家族のなかでも、長い年月をかけて性別や年齢別の分業が成立しております。子どもは、何歳になったら、羊の世話を始めるのか、放牧の世話をするのは誰か、乳を搾るのは誰か、それからチーズを作るのは誰なのか、といった具合です。

教育というものがもつある種の普遍的な意義というのは、人間が何らかの夢なり希望なりを実現する、別の言い方をすれば「自己を実現する」ための助けとなるということです。しかし、生涯おなじ仕事を続けていく場合に、男女を問わず、自己実現の可能性を追求するという発想を持ちにくいでしょう。自己実現が男性によって妨げられているというのでしたら、明らかに女性差別を指摘できるでしょうが、男性の自己実現にも相当な壁がある現状で、このような議論をしても現実味があるとは思えないのです。

イスラーム世界では、農村に学校教育の制度が整っている国は多くありません。あったとしてもコーラン学校しかない場合には、イスラーム的倫理や価値を学ぶことはできますが、今の世界で生きていく上に必要な知識を修得するにはかなりの困難があります。したがって、男女共に教育の機会が少ないうえに、先ほど述べたような家庭内での男性の権威主義的態度が強い場合には、女性が教育の機会を得る可能性はさらに低くなります。

タリバンが女性の教育を禁止した理由については、直接、調査した経験がありませんので断定的には申し上げられません。しかし、伝えられるところでは、一つには国内で内戦状態が続いていたために女性の教育政策に対する優先順位が低かったこと、そしてタリバン自体があまりに孤立し閉鎖的性格をもっているために、社会に対する柔軟な対応がまったくできないことなどが挙げられています。タリバンが西欧型の近代国家をモデルにしないことは分かりきっておりますが、現実のイスラーム世界を見回しても、これほどに閉鎖的で孤立したイスラーム勢力が、広範な地域を支配してしまうという事態は他に類例がありません。

その意味では、タリバン政権が、少なくとも他のイスラーム世界と交流できる状況にあれば、ここまで頑なにはならずにすんだはずです。このことを考えると、タリバンを生み出したパキスタンとアメリカの責任は重大です。ソ連のアフガニスタン侵攻に対抗し、身を挺して共産主義とのジハードに参加してくれるタリバンの戦士を養成できたことは、アメリカにとってもパキスタンにとっても、してやったりというところだったはずです。ソ連撤退後には、パシュトゥン系の影響力を保持しようとしたパキスタンが、この閉鎖的集団を利用しました。ですから、ブッシュ大統領夫人がラジオ演説のなかで、アメリカが育てた戦士を叩き潰すのに、女性の人権を持ち出したことは、ご都合主義のきわみとしか言いようがありません。

ヴェール、人権抑圧の象徴？

次に、これも大変評判の悪いヴェールについて考えてみましょう。一般に、ムスリムの成人女性はヴェールやスカーフなどで頭部を覆わなければならないといわれています。西欧世界では、女性にだけこのような服装を強制するのは、女性の人権や自由に対する抑圧であり、男性による女性支配だという強い批判があります。

とりわけフランスでは、ヴェール批判が盛んです。フランスという国は、ヨーロッパのなかでも最も政教分離（国家と教会の分離）を明確にしております。十八世紀以来、神の思し召しよりも、人間の理性を重視する啓蒙思想というものを打ち立ててきた国でもあります。そのため、二十一世紀だというのに宗教にしがみついているムスリムに対して遅れた人間という印象をもっておりますし、女性に対する抑圧となると言語道断と切って捨てる人が多いのです。

ヴェールやスカーフというものは、イスラームの女性差別を論じる人たちによって、あまりにシンボリックに使われてきた感がありますが、果たして批判する人びとは、コーランを読んでみたのでしょうか。コーランに見られる規定は、異性に性的関心を引き起こす部分を隠すように、女性に求めているだけです。もう少しあからさまな表現をすれば、乳房や下半身とならんで、髪も男性から見てセクシュアルな部分だから隠すべきだということです。関連するコーランの章句を挙げておきましょう。

「お前（ムハンマド）男の信仰者たちに言っておやり、慎みぶかく目を下げて（女をじろじろ眺めない)、陰部は大事に守って置くよう(不倫な関係に使わぬよう)、と。その方が自分でもずっと道にかなう。アッラーは誰のしていることでもすっかり御存知。」

(光の章、三〇節)

「それから女の信仰者にも言っておやり、慎みぶかく目を下げて、陰部は大事に守っておき、外部に出ている部分はしかたがないが、そのほかの美しいところは人に見せぬよう。胸には蔽いをかぶせるよう。自分の夫、親、舅、自分の息子、夫の息子、自分の兄弟、姉妹の息子、自分の(身の廻りの)女達、自分の右手の所有にかかるもの(奴隷)、性欲をもたぬ供廻りの男、女の恥部というものについてまだわけのわからぬ幼児、以上の者以外には決して自分の身の飾り(身体そのものはいうまでもない)を見せたりしないよう。……」

(光の章、三一節)

読んでみると、なんだそんなことか、という話ではないでしょうか。要するに、女性の髪は男性を惹きつける魅力をもつから隠しておきなさい、男性の髪の毛は女性を惹きつけたりしないのでその必要はないということです。髪に性的魅力を感じるかどうかについては、文化圏によっても、また個人によっても見解は異なるでしょう。日本でも、かつては男性にとって魅力的なものだったのでしょうが、今では、女性の性的なシンボルとしての意味は、かなり失われています。失われている社会ならば、この規定は無意味ですし、誰もわざわざ頭部を覆ったりしないでしょう。

イスラーム社会では、男女を問わず、肌の露出を好ましいことと考えていませんし、性器の露出は厳しく禁じています。最初の節をお読みいただければ、同様の規定は男性に対しても課されています。したがって、女性の髪に性的器官としての意味があれば、覆い隠さなければならないのです。

ヴェールについての現実を考えてみると、このことはさらに分かりやすくなります。イスラーム世界のなかで、国家が世俗化を明言しているトルコでは、イスラームを表象するような服装をすることは求められませんし、公的な場所では禁じられています。そのため、女性がヴェールやスカーフを着用せずに暮らしていても、社会的には何の問題もありません。髪を露出している女性が増えれば、男性が、いちいち女性の髪をみて興奮することもありません。髪を露出している女性に男性が襲いかかったなどという話は聞いたこともありません。

そうなってくると、スカーフやヴェールの意味は、より政治的なアピールと解釈されるようになっていきます。つまり、「今更、髪を見て男が興奮するわけでもないのに、被っているというのは、いったいなぜなの?」ということになります。ここには、大きく二つのケースがあります。第一に、夫や父親である男性が、妻や娘に対して着用を強要しているケース。第二に、自分の意志で女性が着用しているケースです。

男性が強要しているなら、その理由は何でしょうか。スカーフやヴェールを着用すべきだと考えている男性のなかには、コーランに出てくる規定を適用して「性的魅力をもつ髪は隠すべきだ」と考える人もいます。しかし、単純に妻や娘に対する支配欲をイスラーム的倫理の名の下に実現しようとする人のほうがずっと多いのではないでしょうか。

特に、妻に対する場合は、髪を覆い隠すという行為が、夫に対する忠誠の表明（他の男性に髪を見せないので）に当たりますから、女性に対する独占欲の強い男性は、これを歓迎するのです。そのときに、自分の独占欲ゆえに妻を従属させたいと明言しにくいものですから、イスラームの倫理を借りてきて権威づけするのです。

未婚の娘に対して父親が命じる場合は、日本でいうところの「世間体」にあたるものが背景にあると思われます。隣家の誰々が被っているのに、お前が被らないのでは体裁が悪いという類です。これは文化圏を問わないことですが、親というものは、他人の子どもが親に対して従順であるのを見ると、自分の子どもにも、同じような従順さを要求いたします。親のいうことをよく聞くのが「良い子」であるのは、日本社会も、イスラーム社会も、そして西欧社会も同じです。

日本でも、半世紀前の女性たちは、いまほど多くの部分を露出しておりませんでした。百年前には、さらに露出する部位は少なかったはずです。戦後の日本では、肌の露出に対する社会的、倫理的規制がどんどん弱まっていきましたから、女性は服装に関する規制を受けることなく、肌を露出するようになりました。

ただし、よく考えてみると、肌の露出を多くしていったことで、逆に、女性の性を商品化してしまうという問題を引き起こした面はないでしょうか。ある程度までは、自由を謳歌していたのかもしれませんが、流行の名の下に男性の性的な欲求に応えるような服装へと転化していった面も否定できないように思います。

逆にイスラームは、この点では一貫していて、女性の性を商品化することを厳しく批判しております。ヴェールやスカーフばかりが象徴的に取り上げられますが、通常、これらを着用するときには、身体のラインも目立たないように、コートのような長衣を着ます。別に髪だけを隠すのではなく、女性の性的特徴が外に表れないようにしているのです。イランではおなじみの姿ですが、この規定をさらに厳しくすると、ヴェールや長衣の色も黒に限定されてしまいます。

トルコでは黒衣は少なく、長衣の方は地味な水色やベージュ系が多いようですが、スカーフについては、結構、色とりどりのデザインがほどこされていて美しいものです。イスラーム的な服を扱う専門店では、今年の柄はこれこれです、というようにカタログまで用意しているところもありますし、イスラーム色の強い民放テレビを見ておりますと、こういう流行のスカーフのコマーシャルが登場します。

ヴェールのもう一つの意味

さて、ヴェールを着用する第二のケース、すなわち女性が自分の意志で被っている理由についても検討しておかなければなりません。実際、スカーフを着用しなくても、社会的な問題のないトルコでは、自分の意志で被っている人が、かなりたくさんいます。同じことはヨーロッパについてもいえます。ドイツ、イギリス、フランス、オランダ、そしてデンマークやスウェーデンには、たいへん多くのムスリム移民が住んでおりますが、彼らの間にも、ここ十五年ぐらいのあいだにスカーフ・ヴェールを着用する女性が増えてきたのです。

まずトルコの場合ですが、特徴的なのは、経済的な問題からムスリムとしての目覚め、少しむずかしくいうと、ムスリムとして覚醒した人びとが増えていることです。彼女たちの場合、もともと被っていなかったのですが、ある日、突然被るようになります。

大都市に住む、ある若い夫婦の例でお話ししましょう。この夫婦は、経済的には貧しい層と中間層の境界線ぐらい、つまり一応、家には冷蔵庫やテレビもあるのですが、新しいものに買い換えることはできません。車も買うことはできません。

家は安普請の賃貸アパートです。どんな建物なんだと思われるかもしれません。九九年にトルコで大地震が発生したときの映像をご記憶でしょうか。あのとき、パンケーキ破壊といって、ぐしゃっと潰れてしまった集合住宅のようなものです。見た目には、日本のアパートより広いししっかりしているように見えますが、なにしろ内部の鉄筋などはいい加減に作ってあるので安普請なのです。

彼らは共働きで何とか豊かになりたいと念願していましたが、トルコは過去二十年近くひどいインフレに見舞われていて、生活実感としては、毎年物価が二倍になっていく感じです。そのため、豊かになりたいと頑張っても、それはなかなか実現できません。

子どもが学齢に達しているので教育費もかかります。トルコでは、公立学校でも制服がありますし、教科書も有償なので、新学年がスタートする九月になると、親の悲鳴が新聞を賑わせることになります。学校の方も文教予算が行き届かないために親から寄付を募る始末で、強制できないはずの寄付を要求されたと怒る親たちの姿が、テレビニュースにも頻繁に登場します。

こういう状況にもかかわらず、大都市で暮らしていると、一方には、外国から輸入された高級車を乗り回している人たちもいます。携帯電話にいたっては、日本以上に、みんな大好きで、ところかまわず大声でしゃべっております。きらびやかな服がブティックのウインドウを飾っています。新聞をみると、地中海やエーゲ海でのバカンスはもちろん、ヨーロッパやアジアへのツアーの宣伝まで毎日のように載っています。テレビでは、ハリウッド映画やアメリカの中間層を描いたホームドラマや恋愛もののドラマを毎日流しています。

インフレは確かにひどいのですが、今の日本経済をみれば想像がつくように、デフレに比べれば経済は活力をもっておりますし、金のある人たちは、競って物質的な豊かさを求めて走り続けているのです。日本のバブル時代と似ていますが、不動産業や金融・保険などの仕事をしている人たちは、インフレの波をまるでサーフィンでもするように泳ぎ渡って、一層豊かになっていきました。しかしその陰で、低賃金の労働者たちの生活は、じりじりとレベルダウンしていったのです。

悪いことに、地域的な経済格差も大きいので、地方の農村から多くの人口が大都市に流出しました。さらに、九〇年代の終わり頃まで、トルコでもっとも貧しい東南部地域では、クルドの分離独立組織（ＰＫＫ）と政府軍との戦闘が続いていて安定せず、この地域からも多くの人びとがイスタンブールのような大都市に移住していったのです。そのため、技能も資本もない労働者はあふれておりますから、雇用する側は低賃金でいくらでも労働者を雇うことができました。

この夫婦のあいだには喧嘩が絶えませんでした。妻は、ウインドウに飾られている新しい服が欲しい、テレビで宣伝している皿洗い機が欲しい、洗濯機も最新型のドラム式にしたいと考えております。夫は夫で、何とかして中古車でもいいから車が欲しい、もっと金になる仕事はないかと日々いらいらしています。しかし現実は厳しく、両者の夢はかないません。子どもは、両親の喧嘩をみていると悲しくてしかたがないのですが、どうにもすることができません。

こういう日々が続いていたところで、ある日突然、スカーフで髪を覆い、長衣ですっぽりと身体を覆ってしまったのです。願ってもどうせ流行の服など買えないのだから、いっそイスラーム服にしてしまおうと思い立ったのです。

日本の夫だったら、ぎょっとして、とうとう妻が怪しげな宗教にでも走ったかと戦慄するところですが、彼らの場合は、もともとムスリムですから夫の反応は正反対です。先ほどもふれたように、妻がスカーフを被ることは、他の男性には髪も身体のラインも見せないわけですから、夫は支配欲を満たし、妻が自分だけを見つめていることに満足してしまいます。

ここから先がおもしろいのですが、妻がイスラーム的道徳にしたがって自分に服従してくれたことに感動して、夫は自分だけが車がほしいとゴネていたことを恥じたのです。そして、自分もまたイスラーム的に正しい生活をしようと心に決めます。それまで、喧嘩をするたびに、近くのカフヴェ（コーヒー店の意味ですが、男だけが集まって、もうもうたるタバコの煙のなかで賭トランプなどをしているおじさんの溜まり場）で無駄な時間を過ごしていたのですが、それもきっぱりと止めてしまいます。子どもも、両親の喧嘩がなくなってほっとします。

こうして、一家には平和が戻ったのです。もちろん、経済的な上昇という問題は解決いたしません。しかし、政府が経済政策を変え、貧困層が底上げされるまで待てなどと誰がいえるでしょうか。経済的には苦しくても、家族が一つにまとまっていられるなら、庶民はとりあえず平安を得られるのです。そして、家での礼拝だけでなく、夫は金曜日になるとモスクでの集団礼拝にも出かけるようになりました。

ムスリムは、みな金曜日にモスクに行くのではないのか、と思われるかもしれませんが、大都市部では行かない人もいます。行く人は行くけれど、行かない人は行かないのです。しかし、ここ二十年のあいだに、礼拝に行く人が増えてきていることは確かです。

モスクでは、イマームと呼ばれる宗教指導者が説教をいたします。彼らは、貧しい生活のなかで敬虔に祈る信徒を励まします。トルコのモスクは、国家が管理していますので、おおっぴらに反体制的な説教をすることはないのですが、イスラーム色のつよいNGOやNPOがいくらでもあります。

相互扶助を目的とする団体や女性団体など、いろいろな組織があります。こういう組織では、貧しい敬虔な信徒が一生懸命働いても、なぜ豊かになれないかという政治的な話題が話し合われています。政治家の腐敗、西欧型の社会モデルの限界、インフレをなぜ抑制できないのか、など体制批判的な内容がだんだんと増えていきます。こういう組織は、親イスラーム政党の支持基盤であることも多く、ここ十年ほどのあいだに、親イスラーム政党が選挙のたびに票をのばしていくのを支えてきました。

つまり、物質的な豊かさや西欧的なライフスタイルと隣りあわせになっている大都市の貧困層が、ムスリムとして覚醒する過程で、女性が自分の意志でスカーフやヴェールを着用するという現象が出てきたのです。

これは、実はトルコだけでなく、経済の自由化政策をとったイスラーム世界諸国に共通してみられました。広い意味での近代化政策というものが、西欧型のライフスタイルや物質的な豊かさにばかり目を奪われる生活をもたらし、その恩恵に浴せない人びとは取り残されて貧富の格差が拡大する――そのなかで、イスラームを復興させることによって一種の世直しを行なっていこうという運動が盛んになっていくのです。これがイスラーム復興運動です。

一方、世俗主義を支持し、西欧型の近代化を志向する人びとは、イスラームの復興に批判的です。彼らの多くは都市部で生活するインテリ層や特権を享受する軍人ですが、イスラーム原理主義組織が、貧しくて教育のない人間を騙しているというのです。

かつてトルコに暮らしたとき、私はエリート養成校といわれる大学に客員研究員として籍を置いていましたから、こういう世俗主義インテリに囲まれておりました。同時に、自分のフィールドワークでは、貧しい人たちと話す機会が多かったので、両者のギャップにかなり暗い気持ちになったことを覚えております。

たしかに、ムスリムとして覚醒していく人びとは、インテリから見れば無知であるかもしれません。しかし、家族を守ろうとして懸命に働きながら、それでもなお豊かになれない彼らにとって、イスラームによる世直し以外に、何に希望を見いだせたというのでしょうか。

彼らは無知で無学だから原理主義に操られるのだと断じた大学教授たちに、私は不快感を隠せませんでした。それではなぜ、建国後七十年以上もたつのに、無知で無学な人びとを放置したのですか？　なぜ労働に見合うだけの生活の向上を保障できなかったのですか？――私の問いに答えてくれた世俗主義派の知識人はいませんでした。

同様の不快感は、日本や西欧世界の知識人やジャーナリストが、ムスリム女性のスカーフやヴェールを、すぐに女性の人権抑圧と決めつける主張をするときにも感じております。これまでに書いてきたように、人権抑圧である場合は存在します。私はそのことを否定するつもりはありませんし、男性が女性に対する支配の道具としてスカーフやヴェールを強制することにも批判的です。

しかしながら、スカーフやヴェールをシンボリックに取り上げ、実態を見ようとせずに人権問題にすり替える主張を支持することはできません。女性の人権抑圧を批判するのならば、少なくとも、実際に被っている人びとの声を聞いてからにすべきです。彼らの無知を笑う前に、自分たちの彼らに対する無知を省みることが必要であります。

イスラーム的刑罰と公正の観念

人権との関係では、もう一つ、刑罰の残酷さというのが、しばしば指摘されてきました。イスラーム法で有罪とされると、鞭打ちの刑や斬首刑などが行なわれることが非人道的だというものです。しかし、誤解のないように申し上げておきますが、このような刑罰を科している国は、現在、ほとんどありません。それこそ、タリバンやサウジアラビアなど、数えるほどしかありません。イスラーム世界のほとんどの国では、西欧世界と同じような刑罰、つまり罰金や懲役刑などになっています。

それに、奇妙に感じられるかもしれませんが、これらの刑罰にはイスラーム的な人権意識と公正の観念が反映されている面もあるのです。犯罪は、どうしても成人男性が犯す場合が多いものです。仮に、ある犯罪を犯して罪を認めたとします。西欧世界や日本なら、逮捕されて拘留されます。裁判で有罪ということになれば、刑務所で一定期間を過ごすことにもなります。

その間、一家の働き手を失ってしまう家族は、何の罪もないのに苦境に立たされることになりますが、イスラーム的公正の観念からすると、これは不公正な事態となるのです。

つまり、弱い立場にある妻や子どもが、なぜ、苦しまねばならないのかということです。それなら、犯罪を犯した本人を鞭打ちにしてでも、その場で解放してやる方が、家族にとって幸いではないかと考えるのです。

西欧や日本では、刑罰に反省や二度とくり返さないための教育の意味をこめるので、一定期間、刑務所で自由を奪ってでも反省しなさいということになるのですが、イスラームでは、この反省と教育の期間が罪もない家族を苦しめることを、より大きな問題と解釈するようです。つまり、本人の人権よりも、家族の人権を重視しているといえます。よく考えてみると、この発想にも一定の合理性があるのではないでしょうか。

逆に日本では、犯罪を犯した家族まで、社会から非難され、有形無形の差別や疎外を受けることがよくあります。犯罪者を出した家だというので、つきあってもらえなくなったり、その土地から逃げ出さざるをえなくなるケースもあるでしょう。家族一同、あるいは親戚にいたるまで、世間様に顔向けができないというのです。

イスラームでは、世間に対する顔向けなど、たいした意味を持ちません。罪とは、神の定めたルールを破ることであって、その罰は犯した本人が受ければそれで仕舞いなのです。家族までが、長いこと苦しむことを慈悲深き神は望みません。イスラームでは、それだけ家族の一体性を大切にしているということです。

ただし、それだけに家族という共同体を破壊する行為に対しては、西欧世界とは異なり、厳しい罰を受けます。不倫はその最たるもので、コーランでも厳しく戒めております。イスラーム法を厳格に適用する国では、それこそ死罪になる可能性もあります。そして、家族だけでなく、信徒の共同体を破壊しかねない麻薬に対しても厳罰を科します。

イスラーム世界の航空会社の飛行機に搭乗すると、麻薬の持ち込みは死刑だと明記されている警告書が配られることがあります。西ヨーロッパやアメリカで、麻薬に対する規制が弱くなっていることを考えると、大きな違いですが、麻薬犯罪を死刑にしてでもムスリム社会の健全さを保とうとすることを非人道的と決めつけることは無理があります。

差別を隠蔽する用語としての「原理主義」

もうひとつ、今回の戦争に関連してあらゆるメディアで使われた言葉に、「イスラーム原理主義」があります。この言葉も、イスラームについて大きな誤解を与える原因になっています。まず、知っておいていただきたいのは、ムスリム自身は、多くの場合「原理主義」という単語の意味を理解できないということです。理由は簡単で、イスラームには「原理主義」という概念も単語もないからです。

では、この言葉はどこから来たのでしょう。もともと、二十世紀の初め頃からアメリカの一部で盛んになったプロテスタントのキリスト教徒たちを指す言葉だったのです。彼らは、物質的な豊かさを追求する文明生活に背を向け、自動車のような文明の利器を使わず、電気もない生活をしながら、ひたすら農業や牧畜と手工業で生計を立て、そして祈りつづけたのです。

つまり、聖書の原点に帰って信仰を純化し、禁欲的に神の道に邁進しようとする考え方を原理主義（fundamentalism）と称したのです。自分で胸を張ってこのように名乗ることもありますが、むしろ、他者が、彼らに対して頑なで不寛容、場合によると狂信的というレッテルを貼るときに使うことが多い言葉です。

これをイスラームに貼りつけたのが「イスラーム原理主義」です。ところが、イスラームには、キリスト教原理主義に相当する行動様式や志向性というものがないのです。まず、どんなに敬虔なムスリムでも、近代文明を拒否する態度を示すことはありません。そもそもアメリカでテロ事件を起こした犯人たちが「原理主義」なら、あれほどハイテクを駆使することはありえません。

タリバンやウサマ・ビン・ラディンはどうでしょう。ビン・ラディンは、盛んにアル・ジャズィーラというカタールの衛星放送を利用して、自分のメッセージを伝えましたし、宣伝用のビデオまで活用しておりました。これも、いわば近代的な文明の利器に頼っているわけです。つまり、イスラームには科学技術の成果としてのハイテクを拒絶する発想はまったくありません。

頑迷固陋で不寛容、あるいは狂信的という点ですが、これはイスラーム教徒にもキリスト教徒にも、あるいはユダヤ教徒にもヒンドゥー教徒にもおります。およそいかなる宗教にも存在するもので、イスラームにおいて特に目立つものではありません。むしろ、イスラームの場合、神は慈悲深い存在であり、人間が欲望に弱い存在であることも認めているくらいですから、コーランに忠実であればあるほど、むしろ頑迷固陋や不寛容にはなりにくい宗教なのです。

むしろその点では、原罪に始まって、「罪」というものを重視するキリスト教の方が、ずっと重く苦しい課題を人間に突きつけております。イスラームの場合、人間が善行と悪行の両方をすることを前提にして、最後にどちらが重いかの審判を受け、天国行きか地獄行きかを決めることになっております。ですから、悪行を犯した「罪」の意識に苛まれるよりも、善行を積んで埋め合わせることを重視するのです。

ただし、何度も申し上げたように、世の中の不公正な事態、とりわけ権力者の不公正によって弱者が虐げられるような事態に直面すると、ムスリムは、正しい信仰の道に邁進しようとします。それが行き過ぎて、他人の意見にも耳を傾けないような状態になると、確かに偏狭で頑なな態度を示すことになるのです。タリバンを見れば分かるように、孤立して閉鎖的な環境のなかで、ひたすら神の道を追求しようとした集団は、こういう性格を示しやすいといえます。

しかし、ほとんどのムスリムは、イスラームが示している神の慈悲深さ、人間というものを知悉する神に全幅の信頼を寄せているわけですから、偏狭や狂信性とは無縁の存在であります。

にもかかわらず、イスラーム原理主義という言葉が、これだけ非イスラーム世界で蔓延した理由は、八〇年代以降に、不公正に対する怒りのテロが頻発したためです。ホメイニによるイラン革命、権力者の腐敗に対してテロを敢行したエジプトのサダト大統領暗殺事件、それにパレスチナでのイスラエルの横暴に対するハマースによる自爆テロなどを目の当たりにした西欧世界は、彼らの行為をムスリムの狂信性に帰そうとしました。

実際には、この種のテロを起こした集団は、ムスリムの共同体が腐敗や堕落によって危機に瀕している、あるいはムスリムの共同体が外敵によって危機に瀕しているという認識に立って、最後の手段として暴力的な攻撃に出ているのです。私自身は、無関係な人間を巻き添えにするテロの暴力を一切肯定しませんが、ムスリムが自分たちの置かれている状況を「危機的」と認識していることが誤りだということもできません。

重要なことは、ムスリム共同体が危機に瀕しているという認識をもつまでに彼らを追いつめないことなのです。オスロ合意以降のパレスチナの状況をみれば、一向に進展しない和平プロセス、相変わらず続けられた占領地へのユダヤ人の入植、ムスリムの神経を逆撫でしたシャロン首相のハラム・アッシャリーフへの訪問（二〇〇〇年九月に訪問した時点ではリクード党首）、さらには九月十一日以降、突然、パレスチナ自治区に軍を侵攻させた強硬な政策といい、すべてがパレスチナ人にとって、まさしく危機的な状況でした。この状況においてなお、ムスリム共同体にとって危機ではないと主張することはとうてい不可能といってよいでしょう。

イスラーム原理主義という言葉は、もともとイスラームの側には存在しないために、西欧世界によるレッテルとしては、自由自在に使われてきました。以上に挙げたような政治化されたイスラーム復興運動だけではありません。

ムスリムは西欧社会の病理として、アルコールや麻薬中毒者の増加、家族の崩壊、同性愛、高齢者の独居などの現象を拒絶しますが、麻薬中毒の問題を除くと、これらは西欧社会では異常な現象とはみなされておりません。

そのため、西欧社会の側からは、もはや常識となっている現象をムスリムが拒絶することに対して、頑迷固陋で不寛容なイスラーム、すなわち原理主義というレッテルを貼りつけてしまうこともあるのです。しかし、いうまでもないことですが、特定の社会現象をムスリムが宗教的倫理によって退けることが不当であるとはいえません。

イスラーム原理主義という言葉は、このように融通無碍に相手を不寛容で非妥協的集団と決めつけるときに使われるのです。その意味では、ムスリムに対する宗教差別を公然と口にするための道具になっているといってもよいでしょう。すでに申し上げたとおり、彼らの側には存在しない概念をレッテルとして使うことの問題性にもっと敏感であるべきです。

ムスリムに「イスラーム原理主義とは何か？」と尋ねると、多くの場合「イスラームに原理主義などない」という答えが返ってきます。この答えをどうとらえるかによって、もう一つの問題が発生します。テロ事件後の報道や論説のなかには、「そのとおり、イスラームに原理主義などという特定の思想はない。ムスリムはみな原理主義者なのだから」という主張も散見されます。逆に、「危険なイスラーム原理主義者は、ムスリムのうちほんの一握りであって、大多数のムスリムは穏健で平和主義者だ」という一見するとムスリムを擁護するような主張もあります。

私は、そのどちらにも批判的であります。すでに書きましたように、ムスリムはみな原理主義者だという考え方は、原理主義に不寛容や頑迷固陋という意味づけをする以上、明確に誤りといえます。何度もいうようですが、イスラームの規範にはかなりの柔軟性があり、「神はなるたけ楽なことを求める」とわざわざコーランに記されているくらいですから、コーランそのものに不寛容や非妥協性の根源があると考えるには無理があります。

なかには、コーランに示されている「原理」を守るから「原理主義」だという主張もありますが、それならば、明らかにキリスト教原理主義から借用したこの用語を用いるべきではありません。

そして、一部のムスリムが過激な原理主義者で、大半はそうではないという考え方は、非イスラーム世界の側が、自分たちの尺度に照らして「良きムスリム」と「悪しきムスリム」とを区別しているにすぎません。この発想は、大半のムスリムにとっては、テロリストや過激派と名指しされる嫌疑から解放されるように見えるのですが、実のところ、何気なく言った一言で、「悪しきムスリム」扱いされる危険をはらんでいます。

これは、差別の問題を考えるときに、普遍的な問題であります。気に入らぬ人間を非難したい、しかし差別と勘ぐられたくない、そういうときに自分の個人的尺度に客観性があるかのように見せかけるのは人間の常ではないでしょうか。あるムスリムが「同性愛はイスラームでは認められない」と発言したとしましょう。この発言を「ムスリムは同性愛者の権利を否定している」と解して、マイノリティの人権を否定する悪しき人間、すなわち原理主義者だと論難することは実に容易なことです。イスラーム原理主義という言葉のもつ差別性ばかりでなく、差別を隠蔽する構造にも注意を払う必要があるのです。

7　この戦争をしてはならなかった

「タリバン以後」に潜む欺瞞

戦争がはじまって以来、イスラーム世界各国ではアメリカの攻撃に反対する声が強まっていきました。十一月十六日にラマダン月を迎えてから、反対の声とアメリカに対する怒りはますます高まりました。同じころ、アフガニスタンでは北部同盟の攻撃でカブールが陥落しました。

日本や西欧世界のメディアは、このカブール陥落とタリバン政権の崩壊に気をとられておりました。マスコミの話題は、すぐに「タリバン後」のアフガニスタン政権に移っていきました。その間、北部のクンドゥズや南部のカンダハルでは、タリバンが激しく抵抗を続けていて、アメリカの空爆による犠牲者が増えていきました。

その一方で、カブールから伝えられる映像は、タリバン政権の崩壊によって再び自由を手にして喜ぶ市民のようすを伝えていました。タリバンに強制されていたブルカをはずした女性やあご髭を剃る男性、ラジカセで音楽をガンガン鳴らす人びと、テレビに見入る人びと、映像が伝える市民の姿は、たしかに喜びにあふれていました。

そのなかで、ある民放テレビで、カブールにいるリポーターが興味深いことを話しておりました。

「意外なことなんですが、市民のなかにはアメリカの空爆に怒っている人が多いんですねえ」

そして、アメリカ軍によるカブール空爆で隣人を失った住民の怒りの声が流されたのです。正直にいって、このリポーターの鈍感さと率直さの両方に私はあきれました。カブールの市民たちが、アメリカ軍の空爆と北部同盟軍の攻撃によって解放されたことを喜んでいるはずだとリポーターは信じていたようです。もちろん、解放されたことを喜んでいるのは事実でしょう。それに、とりあえず恐ろしい空爆がなくなるのですから、喜ばないはずはありません。

しかし、だからといってアメリカの空爆で民間人であるムスリム同胞が犠牲になったことまで帳消しになると思っていたのなら、このリポーターの感覚は驚くほど鈍感といわざるを得ません。毎日のように、どこに落ちてくるか分からない空襲の恐怖から解放された安心感は、同胞や友人、家族の死を埋め合わせることはできません。リポーターの発言は、ムスリムという人間に対する無知を表しております。

それから数日のあいだ、各局のワイドショーを観ておりますと、ヴェールを脱いで化粧をする女性たちの姿や、さっそくテレビ局で放送を始めた女性キャスターの姿が次々に映し出されました。コメンテーターたちは、判で押したように女性がタリバンの抑圧から解放されたことを評価しておりました。ここでも注意していただきたいのは、これらの映像が北部同盟の支配下で撮影されたという点です。

かつて九〇年代の前半にアフガニスタンを一時的に支配した北部同盟の諸勢力は、カブールのみならずアフガニスタン各地で狼藉を働き、民衆を恐怖に陥れたはずです。カブール市民のうれしそうな表情には、とりあえず支配者に追従することで身の安全を図ろうとする戦乱の民の知恵を見るべきではないでしょうか。

そのうち明らかになると思いますが、女性のブルカも一斉に消えてなくなることはないでしょう。地方の農村のかぶり物であるブルカは、カブールのような都市の女性には「いなか風」の服装であったために嫌われたのではないでしょうか。タリバンが恨まれたのは、「いなか風」を都市にまで拡大して押しつけたという理由もあったと私には思えるのです。しかし、メディアは、ヴェール＝女性の抑圧という図式的な説明に覆いつくされてしまいました。北部同盟の宣伝に、西欧や日本のジャーナリストが自分たちの解釈を足して電波に乗せている、それがカブール解放後の報道の特徴でした。

タリバン政権の崩壊後、思った通り、アメリカ、ヨーロッパ諸国、そして北部同盟、さらに隣国のパキスタンやイランとの思惑の食い違いが目立ち始めました。アメリカは、北部同盟のカブール侵攻が早すぎたと表明しましたし、パキスタンは自分の国にも多いパシュトゥン人を新政権に食い込ませるために工作しています。十一月二十一日、フランスの国営放送は、ドゥシャレット前外相の怒りを伝えました。

「フランス軍がウズベキスタンで足止めされているとは何たること。これではフランスがまるで二等国の扱いではないか。世界でも三位、四位ぐらいの軍事大国であるわが国が馬鹿にされておる。けしからぬ。ヨーロッパとりわけフランスがアフガニスタンの将来について低い発言権しか与えられないなど、とうてい容認できるものではない」

ばかばかしいくらいに自己中心的で、他国の将来に干渉することが、まるでフランスのプライドであるかのような発言です。

発言していたドゥシャレットは現政権の人ではないので、ずいぶんはっきりと物をいっておりますが、彼の発言はすくなくとも保守的なフランス人が共有する感覚と言ってよいでしょう。北部同盟の支配に割り込んで多国籍軍の中核になろうとしているイギリス、タリバン以後の政権構想を話しあう会議を主催したドイツ、この際、過去の失敗を清算して影響力の行使をねらうロシアなど、各国とも自国の国益にもとづいてアフガニスタンへの干渉を強めています。

このような動きのなか、十一月後半になると、アメリカ政府のなかには、アフガニスタンだけでなく、この際、アメリカのいうところの「ならず者」を一掃してしまえという声も上がるようになりました。それがイラクを指していることは明らかです。この原稿を書いている時点では、まだ何ともいえませんが、もしもイラクと全面的に戦争を行なうようなことになれば、アメリカは世界に比類なき大国であることを誇示する冒険主義に駆り立てられているとしか思えません。

それが成功裡に終わるとは私には考えられません。すでに国益をふまえた行動に移りつつある西欧諸国も、もはや全面的にアメリカに協力することはむずかしいでしょう。イギリスでさえ、アフガニスタン侵攻から一か月もすると、ブレア首相の主戦論に対する支持が七〇%から六〇%へと低下したことから明らかなように、ヨーロッパ各国はアメリカが冒険主義の結果陥る危機にまで追随するとは考えられません。フランスのリオネル・ジョスパン首相など、最初から、フランスがアメリカが陥る悪循環に巻き込まれる筋合いはないと国民議会で堂々と演説していたくらいです。

日本では、この際、アメリカに追随することが、新しい国際秩序の構築に貢献できる道だと説く政治家や評論家が多いのですが、彼らはイスラーム世界を知らないだけでなく、実はヨーロッパ世界の実情にも通じていないようです。

国内の反米感情を考慮しながら、無理を押してアメリカ支持を表明したイスラーム諸国も、もはや公然と支持を表明することはできません。テロと戦う陣営につくのか、テロリストの陣営につくのか、というブッシュ大統領の恫喝は、もはやこれ以上通用しないのです。

アジアでも、アメリカの軍事作戦に批判的なマレーシアやインドネシアはもとより、中国やタイのように、中立的な立場をとってきた国々も、これ以上のアメリカの冒険には同調しません。

イラクの隣国トルコも、アフガニスタンでの作戦行動には参加を表明したものの、戦線がイラクに拡大することには強く警戒しております。湾岸戦争のときに、イラクとの陸上交通が封鎖されて、深刻な経済的打撃を受けただけでなく、北イラクのクルド人が難民となってトルコ国境に押し寄せた悪夢をトルコは忘れていないのです。アフガニスタンに続いてイラクを攻撃することになれば、アメリカは同盟諸国からも孤立します。現時点では、そこまで血迷わないでほしいと念願するしかありません。

テロ事件からアフガニスタンでの「戦争」までを振り返ってみると、一体、何のための戦争であったのかという疑問は、私の頭を離れません。テロ事件に対する報復ならば、犯行を行なった集団をターゲットとして特定しなければなりませんでした。

しかし、公にされた証拠は状況証拠ばかりでした。ウサマ・ビン・ラディンとその軍事組織のアル・カーイダが当面のターゲットだったはずですが、彼らが捕縛されたり壊滅する前に、アフガニスタンの民衆に犠牲者が出てしまいました。彼らを匿ってきたタリバンは、アメリカの空爆と北部同盟の進撃を前にさっさと主要都市から撤退し、アフガニスタンは新政権樹立に向けて動き出しました。

きわめて孤立化し閉鎖的なイスラーム集団によるアフガニスタンの実行支配を終わらせて、諸民族からなる武闘集団である北部同盟の支配を実現したことが、この戦争の主要な帰結となりました。

世界はこの戦争の後に、どう変化するのでしょう。テロでアメリカを傷つけた者（集団）は、当然の報いを受けて滅びるという教訓を得るのでしょうか。最後は翩翻と翻る星条旗の勝利というハリウッド映画のラストシーンのような結末になるのでしょうか。

アメリカ政府と多くの市民が描いている望ましい結末が、こういうものであることはよく分かります。国際政治の評論家のなかにも、イスラーム世界の国でさえ、さほどの反米デモや暴動が起きていないことを理由に、アメリカの軍事行動は成功だったと評価している人もいます。アメリカは、まだまだいける、というわけです。

しかし、さまざまな条件を考えてみると、私には、アメリカが二度と再び「不朽の自由」のもとで繁栄を謳歌することはないように思えるのです。世界中のムスリムは、アメリカがイスラームとの戦いではないといいつつ無実のムスリムの生命を奪ったことを深く心に刻みました。世界のムスリムは、ほとんど誰もアメリカの行動を支持していません。十二億ないし十三億のムスリムが、二十一世紀の始まりとともに、アメリカに対する怒りを共有したことになります。

これは世界にとって、大きな変化といってよいでしょう。以前から、アメリカに批判的なムスリムは多かったのですが、「イスラーム」に関わる人物や組織が、アメリカの攻撃対象になったのは、今回が初めてのことでした。

イスラームとアメリカの衝突

この結果、イスラーム世界とアメリカ合衆国のあいだには、永続的な対立が発生しました。今後、もし西欧諸国がアメリカと共同歩調をとっていくのなら、この対立はイスラーム世界と西欧世界とのあいだに拡大します。しかし、現時点では西ヨーロッパ諸国は、文明間の衝突の様相を呈してくることに同意しないように思われます。フランスやイギリスなど、かつてイスラーム世界を支配した経験をもつ国は、神の意志と信じて戦いを挑んでくるムスリムの抵抗が、いかに粘り強いものであるかを熟知しております。二十一世紀の世界において、再び苦い経験をくり返すつもりはないでしょう。

そうなると、過去にムスリムを支配した経験もなく、戦争での敗北を経験したことがない（少なくともそう信じている）アメリカが、単独でムスリムとの消耗戦に乗り出すことになります。イスラーム世界対アメリカの衝突と申しましたが、イスラームの方は、世界といっても、国家の集合体としてアメリカに戦いを挑むわけではありません。まことに皮肉なことですが、この点ではテロ事件の直後にブッシュ大統領が、敵の姿が見えない戦争だと述べたのは正鵠を射ておりました。

テロリストが誰であったにせよ、アフガニスタン侵攻以後、アメリカが向き合わなければならない敵はムスリムであります。しかも、何度も指摘したように、ムスリムは世界中に暮らしております。この地球上に、ムスリムが暮らしていない土地を探す方が、今日ではむずかしいくらいなのです。したがって、アメリカは、心情的な一体性で繋がったムスリム共同体を相手に戦わねばなりません。

今後、彼らがもしもアメリカに対して何らかの敵対的な行動を取る場合には、何らかのネットワークを駆使することになるでしょう。このネットワークは、すでに存在する無数のイスラーム組織を結んで形成されると考えられますが、イスラーム組織自体が、目に見えるような形で戦いを挑むわけではありません。組織のなかの、無名の誰かが、別の組織の無名の誰かと、何らかの方法で連絡を取り合って、一歩一歩、戦いのための作戦を準備していくでしょう。

アフガニスタン侵攻に対して怒っているムスリムが十二億いるとして、その怒りの結果、何をするかということになると、これは千差万別であります。怒りを胸の内に秘めている信徒もいれば、口に出して怒りを顕わにする人もいます。ムスリムなら必ずといってよいほど、虐げられたアフガニスタンの民のために、喜んで喜捨を差し出します。中には、自分の命を捨てても、アメリカと戦いたいというジハードの戦士も生まれるでしょう。信徒個人としての対処の方法はさまざまです。

しかし、仮に一万人に一人の割合で、怒り心頭に発してジハードの戦士を志願する者がいたとしても不思議はありません。一万人に一人。それだけで十万人の戦士が生まれるのです。十万人の戦士といっても、彼らはタリバンのようなゲリラとは限りません。

もっと西洋風に洗練された姿で、自然にアメリカ社会に溶け込み、そしてアメリカに報復するためなら非道なテロも辞さずという決意を秘めているかもしれません。千人に一人なら、百万の戦士が生まれます。こうなってしまったら、アメリカは勝利することも、戦い続けることもできないでしょう。

この先に来るイスラーム世界とアメリカとの衝突というのは、ほとんどのムスリムが無言のまま、アメリカへの敵意を抱き続けている状況を指すのです。大規模な戦争が起きるわけでも、第三次世界大戦のような事態になることでもありません。

無言の敵意のなかから、ある日、突発的にテロ事件を起こして、相手を恐怖に陥れるのです。アメリカのような超大国は、国家どうしの戦争には強さを発揮しますが、姿を見せない敵に対してはもろさをもっています。簡単に言えば、図体が大きすぎて、細部にまで注意を行き渡らせることができないのです。

一人ひとりの人間が、決して心安らかに暮らせない状況を考えてみてください。そんな世界には、希望も安らぎもありません。十年に一度かもしれません、五年に一度かもしれません、あるいは一年に一度かもしれません。いつか、何かが起きて社会や経済の機能が麻痺し、市民は悲しみと恐怖に引き込まれてしまう――言うまでもありませんが、二十一世紀がこういう時代になってはならないのです。

私が、この戦争をしてはならなかったと主張する根拠はここにあります。アメリカに対して怒りを向ける主体が国家であった時代は終焉を迎えたのです。常識のある指導者なら、あれほどの軍事大国に戦争を挑むこともありません。リビアのカダフィ大佐やシリアのアサド大統領も、かつてならず者国家の烙印を押されましたが、今回の事件後は、いち早く、「うちは無関係です、アメリカのいうこともごもっともです」と恭順の意を表してしまいました。彼らは本心でアメリカに忠誠を誓っているわけではありません。力まかせに、何をするか分からない大国への対処法を経験から学んでいるにすぎないのです。

実際、誰の犯行かを論じたところで書いたように、アメリカに対して、再び何らかの攻撃が行なわれるとすれば、それはさらに洗練された匿名性の高いテロになるはずです。多くの人びとが指摘しているとおり、資金もかからず、深刻なダメージを与えられるのは、コンピュータ・ネットワークに対するサイバー・テロでしょう。ただでさえ匿名性の高いコンピュータ・ネットワークを標的にすることは、まさしく国家を主体としない戦争に適しているといえます。

テロ事件から二か月以上たった今も、実行犯とその組織については、その後の捜査状況は何も明らかにされておりません。人びとの関心は、否応なくアフガニスタンに向けられてしまいました。アフガニスタンでの戦争の行方に無関心ではいられなかったのは、私も同じですが、考えてみますと、これは奇妙なことであります。ブッシュ大統領は、テロを事件ではなく「戦争」と定義いたしましたが、だからといって、テロを起こした犯人がみなアフガニスタンの山中に潜んでいるなどありえないことです。

実行犯以外に、地上で犯行を計画し、手引きしていた人間がいたことは疑いの余地がありません。そして彼らは、当のアメリカ国内にいたはずです。彼らに関する情報はなく、イスラーム過激派を煽動し資金を提供したとされるウサマ・ビン・ラディンだけが脚光を浴びるという構造も奇怪なことです。こうしてみますと、この戦争がもつ冒険主義的な危険性が浮かび上がって参ります。

湾岸戦争のとき、サッダーム・フセインのイラクと戦ってクウェートを解放するというシナリオは、国連総会の決議をふまえていました。攻撃の対象もイラク政府とその国軍でありました。もちろん、非戦闘要員の民衆が犠牲になったことで、ムスリム同胞の犠牲に対してイスラーム世界では怒りが広がりました。ただ、それでも世界のムスリムは、イラクの指導者フセイン大統領に対して同情や共感を示してはいませんでした。

そもそも同じムスリムのクウェートを侵略するという行為自体、ムスリムの支持を得られなかったのです。ムスリムがアメリカに憤りを感じたのは、このときも圧倒的な軍事力で、イラクの民衆の生命を奪ったからであって、愚行を犯したサッダーム・フセインの軍隊が攻撃されたからではありません。

湾岸戦争では、むしろアラビア半島の産油国が、安易にアメリカをボディーガードに使ったことに対して、ムスリムは不快感をもちました。とくに、戦争後もアメリカ軍を駐留させたサウジアラビアは、王族の富を守るために、パレスチナ問題で不公正な対応を取りつづけてきたアメリカの軍隊を駐留させたとしてムスリムの不信を買ったのです。

今回の場合、テロ根絶の戦いを支持するという国連決議はありましたが、アフガニスタンの政体を崩壊させるという決議はありませんでした。アナン事務総長も、タリバン政権の打倒を国連が容認したわけではないと発言しましたが、そんな声はあっという間に掻き消されてしまいました。

長い戦乱で疲弊しきっていたアフガニスタンの人びとに対して国際社会が何らかの行動をおこすことはいうまでもなく必要でした。しかしそれは、戦争になる前に行なわれるべきものでした。タリバンが、まがりなりにも支配権を確立していた時に、彼らを国際社会に少しずつでも引き出して、多様な意見の存在というものを知らせるべきでした。何度もいうようですが、彼らがおそろしく頑なで閉鎖的なのは、難民キャンプとマドラサ（イスラーム神学校）でしか生活したことがないという閉塞的な環境によるものです。

西欧世界と接触しなくてもいい、せめて、他のイスラーム世界の平和な生活を垣間見るだけでも、ムスリムとしての生き方にも他の道がありうることを知ったはずなのです。あれだけ反米感情が渦巻き、熱狂的にイスラーム革命を支持したイランの民衆は、二十年後の今、何を考えているでしょう。革命の情熱のなかに生きているムスリムもいれば、世界のなかで孤立していくことへ批判を強めているムスリムもおります。

イランのハタミ大統領は、国連の場で「文明間の対話」を積極的に呼びかけてきました。その呼びかけに応じて、国連総会は二〇〇一年を「文明間の対話の年」と決議し、東京と京都では、国連大学とユネスコが共催で八月に国際会議を開きました。そこでも、イスラームと西欧との対話が焦点になりましたが、イランの代表は西欧世界との衝突を回避するために、さまざまなメッセージを発しました。

タリバンのような閉鎖的な集団に、いきなり西欧世界と接触させたり、西欧近代文明を押しつけたり、居丈高にお前らを啓蒙してやるというような態度をとっても、一層相手を頑なにするだけのことです。まずイスラーム世界との対話の糸口をつくるべきでありました。しかし、十月七日の空爆をもって、対話の可能性は否定されてしまったのです。そしてタリバンがアフガニスタンの支配権を失った今、世界は、対話ではなく力が問題を解決できるのではないかという危険な誘惑に吸い寄せられています。

しかしウサマ・ビン・ラディンが殺害され彼の組織が崩壊したとしても、そこには「見せしめ」以上の意味はありません。超大国アメリカの力を見せつける以上のことでもありません。すでにアメリカ政府は、たとえウサマ・ビン・ラディンが生きたまま捕縛されても、テロリストには通常の裁判を受ける権利さえ認める必要などないと言い切っております。軍事法廷で秘密裏に裁判を進め、控訴や上告の権利もなく、一挙に判決を言い渡してしまおうというシナリオが公然と語られています。

これは一体何事でしょうか。アメリカは、同盟国の支援を取りつけるときには、一瞬、内向きの態度を改めて、国際社会との協調と妥協に向かったように見えました。しかし、戦争が終焉に近づいてくると、今度は同盟国の意向に耳を傾けることなく、犯人と断定した人物を、異常な方法で裁くと公言したのであります。それだけでなく、内外で対テロ法違反の容疑で逮捕された人びとも軍事法廷で裁くことを主張しており、さすがに上院でも批判を受けました。

テロ事件が「戦争」であるならば、せめて、第二次大戦後のニュルンベルク裁判や東京裁判なみに、法廷を公開して透明性を保ちながら裁きの公正さを示すべきです。テロ事件が、「事件」であるならば、九三年の貿易センタービル爆破事件や、オクラホマシティでの爆破事件と同様に、通常の手続きにしたがって裁判に持ち込むべきです。

少なくとも、アメリカが法治国家であるつもりならば、そのどちらでもない方法をとることの正当性はありえません。十一月下旬に入ってからのアメリカ政府の態度は、力への依存と過信が表面に出ております。そして、まさにそれゆえに、アメリカという超大国の不公正を、日々、世界中のムスリムの心に焼きつけているのです。

アメリカはアフガニスタンを再び破壊して惨禍をもたらし、フランスやイギリス、そしてロシアは帝国主義時代の亡霊に取り付かれたように、アフガニスタン新政権に干渉するチャンスをうかがっている――世界中のムスリムは、このことにうんざりするぐらい西欧世界の横暴と不公正を見ております。

しかも、クンドゥズやカンダハルでは、ラマダンの最中にもかかわらずムスリムの生命が奪われつづけたのです。この状況に、ムスリムがどれほど心を痛め怒りを募らせているかを想像できない人びと、あるいは国家――彼らこそ、イスラームを敵にしてしまう文明間の衝突に加担しているのです。

イスラーム脅威論がつくりだした「文明の衝突」

「文明の衝突」という言葉は、アメリカの政治学者サミュエル・ハンチントンが一九九三年に“Clash of the Civilizations?”という論文を書いてセンセーションを呼んだことで、知られるようになりました。二十一世紀には、共産主義の脅威にかわってイスラームを始めとする非西欧文明が、西欧世界とりわけアメリカを脅かすことになる、だからアメリカは、共産主義体制の国家が崩壊したことに気をよくせず、準備万端整えておくべしというのが、この論文の主旨でした。

この論文そのものは、根拠がきちんと説明されていないという致命的な欠点があり、粗雑なものでした。たとえば、文明はなぜ衝突するのかという問いには「本質的に違うから」としかいわないのであります。違うから衝突するというのでは、いわば身も蓋もない話です。ハンチントンの論旨には歴史性というものが欠如しておりまして、その意味では、まじめに議論するに値する論文ではありませんでした。

しかし、「二十一世紀は文明間の衝突の時代になる」というフレーズだけは、政治家やジャーナリストに格好の素材を提供しました。彼らは、血に飢えた獣のようなところがありますから、何かセンセーショナルで危機感を煽れるようなネタをたえず探し求めています。

軍需産業のロビイストたちは、これをフルに活用して、冷戦後の軍縮ムードをひっくり返そうと画策いたしました。選挙のたびに、主として共和党の候補者は、強いアメリカ、強くあらねばならないアメリカをアピールするために、イスラームの脅威を引き合いに出しました。

一九九〇年代にはいって、当時イギリスの首相だったサッチャーやＮＡＴＯの事務総長をはじめ、二十一世紀の西欧世界の敵はイスラームだ、共産主義に代わっていまやイスラームこそ脅威となりつつあると言明する政治家は後を絶ちませんでした。

一九八〇年代の初め頃から、中東・イスラーム世界では、確かにイスラームを掲げた政治運動が活発になり、なかには、暴力的に政権奪取をはかろうとする過激な集団もありました。一九七九年のイラン革命で、親米であったパーレヴィ王朝が打倒され、ホメイニに率いられたイスラーム革命が実現したことに西欧世界は驚愕しました。「なぜ今さら宗教なんだ」というのが、近代化の過程で脱宗教化を経験してきたおおかたの西欧諸国の反応でした。

イスラーム復興の動きはそれだけにとどまりませんでした。民族主義が高揚し、国民国家を形成したと思われていたエジプトでも、過激な集団のメンバーがサダト大統領を暗殺してしまいました。南レバノンではヒズブッラーのような過激なイスラーム組織が、パレスチナ占領地域ではハマースが、イスラエルに対して武力闘争を活発化させました。

一九八一年から八二年にかけて、シリアでもムスリム同胞団によるテロが相次ぎました。当時私はシリアの首都ダマスカスに住んでいましたが、毎月一度、決まってどこかで爆発事件が起きました。八月には空軍省が爆弾を満載した軽トラックに突っ込まれて爆破され、多くの犠牲者が出ました。奇妙なことにシリア政府は、これをテロ事件とはいわず、すべて爆発事故で片づけ、その上でムスリム同胞団に対して徹底的な弾圧を行ないました。

秋にかけて、イスラーム保守派の拠点とみなされたハマという都市が、政府軍によって徹底的に攻撃され、同胞団によるテロは鎮圧されたのです。その後、ハマの町を訪れてみると、町中には女性と子ども、それにお年寄りばかりが歩いていて、若い男性の姿が極端に少なかったことが印象的でした。消えてしまったのです。

西欧世界でのイスラーム脅威論がさかんに唱えられたのは、冷戦が終焉にむかうのと反比例するように、イスラームが政治の表舞台に登場し、体制側と激しく衝突したためでした。イスラームの復興そのものは、前に指摘したとおり、なかなか生活が向上しない貧困層の人びとによる世直しの願いをイスラーム組織が吸収することで活発化していきます。

中東・イスラーム世界では、多くの国が独裁的ないしは権威主義的な体制をとっていて、民衆の要求を選挙で吸い上げるメカニズムを持っていなかったので、運動それ自体が反体制的な性格を帯びることになりました。そのため、警察、情報機関、そして軍隊から厳しい迫害を受けたのです。厳しく弾圧したことで、イスラーム復興の動きそのものが先鋭化、暴力化していくという悪循環に陥ってしまいます。これらの運動のリーダーたちは、しばしば、その国の独裁者の陰にアメリカの圧倒的な力が存在することを見ておりました。非民主的な政権をアメリカが守ってきたのだというのです。

この見方はまちがっていませんでした。イランのシャー（国王）であったパーレヴィの強権的な体制をアメリカが支えていたことは事実でした。アラブ民族主義のカリスマ的指導者だったナセルの死後、跡を継いだサダト大統領は、それまでの姿勢を転換し、アメリカに接近しました。

一九七九年に、アメリカの仲介でエジプトがイスラエルと単独和平を結んだことは、多くのアラブ人やムスリムにとって裏切り行為でした。サダトは穏健なイスラーム勢力との妥協を図りましたが、反発を強めたイスラーム組織のメンバーに暗殺されました。

イスラーム世界に対するアメリカの行動は一貫性を欠いていました。一方で、親米派の独裁政権が打倒されると、イスラームの脅威を盛んに言い立てましたが、他方では、ソ連のアフガニスタン侵攻に対抗するためにタリバンを育てたのです。イラクでもそうでした。イラン革命の後、イランがイラクと戦争を始めると、イラクの独裁者サッダーム・フセインを支援したのもアメリカでした。そのイラクを、一九九一年の湾岸戦争ではアメリカが攻撃するはめになったのです。

逆にパレスチナ問題に関してアメリカがとってきた行動は、一貫しておりました。一九六七年の第三次中東戦争でイスラエルが占領地域を一挙に拡大したとき、国連安全保障理事会は、二四二号決議で占領地からの撤退を求めましたが、イスラエルは従いませんでした。アメリカは、イスラエルに対して、何ら武力行使をしなかっただけでなく、制裁的な措置さえとりませんでした。

湾岸戦争のときには、国連総会での武力行使容認決議をとりつけていち早く多国籍軍を組織して武力行使に踏み切ったアメリカは、パレスチナ問題での国連決議には武力行使をしなかったのです。このことは、アラブ世界だけでなく広くイスラーム世界の人びとの目に、不公正なダブルスタンダードと映りました。

こう考えて参りますと、今日、アメリカが巨費を投じてアフガニスタンを攻撃していることに滑稽さを覚えざるを得ません。脅威を言い立てたかと思うと、自分の都合のいいように利用し、自分が攻撃されると力まかせに反撃する、そしてムスリム側にさらなる敵意を増幅させていく——過去二十年ほどのあいだ、アメリカの対イスラーム政策は、一言でいえば、この悪循環のなかにあります。

アフガニスタンへの武力行使に反対する人びとのなかに、報復の連鎖になることに危惧を表明する声がずいぶんありました。この意見は、部分的には当たっておりますが、過去を直視していないともいえます。アメリカとイスラーム世界は、ずっと暴力の応酬をくり返してきたわけではないのです。

少なくとも冷戦時代には、イスラーム勢力を反共産主義的な勢力の一つとして利用したのです。敵の敵は味方という単純明快な論理で、軍事支援をしたり武器を供与したりという自己中心的かつ場当たり的な政策をとってきたことの帰結が、今日のアメリカのおかれている状況なのです。

その意味では、報復の連鎖というよりもむしろ、愚行の連鎖というべきであります。しかしながら、時間を遡って、この連鎖を断ち切ることはもはやできません。アメリカは、自分で鎖を断ち切らない限り、悪循環から抜け出す術がないのです。

現実には、この期におよんでもなお、アメリカは再び愚行をくり返しております。アフガニスタンで、武装集団の集合にすぎない北部同盟を支援し、クーデタで政権を掌握して核兵器の開発まで進めているパキスタンのムシャラフ政権に支援を与え、元共産党の指導者がにわかに宗旨替えして独裁者となったウズベキスタンのカリモフ政権を支えたことです。

ウズベキスタンをみるとすぐに分かりますが、イスラム・カリモフ大統領自身、共産党の制服を脱いでトルコ系民族主義に着替えてみせただけです。首都のタシケントでは、レーニンの銅像を取り除いて、十四世紀に一代で広大な領土を支配したティムール（一三三六－一四〇五年）の銅像が建てられました。政権がトルコ系のチャガタイ民族の流れをくむとアピールしたいのですが、いかにも急ごしらえの感をぬぐえません。そして、政権自体は民主主義とはほど遠いものですし、イスラームが民衆の声を吸収して政治運動に発展していくことを厳しく弾圧しております。

ウズベキスタンには、イスラーム運動という組織があって、すでに二度、カリモフ大統領の暗殺を謀っております。ウズベキスタン政府にしてみれば、この際、アメリカの力を借りて、アフガニスタンに潜伏するイスラーム勢力を一網打尽にしたいので、アメリカに協力的な姿勢をとっているのです。

いうまでもありませんが、このような政権をアメリカが支持することは、これも将来、イスラーム復興勢力が台頭してきたときに危険な事態を招きます。イスラーム勢力は、カリモフ政権に批判を強めるときに、「ムスリムの敵であるアメリカに追随した背教者」というレッテルを貼ります。もし将来、ここでも親イスラーム的な政権が誕生すれば、またしてもアメリカは、自分で「敵」を育成したことになるのです。

8　何をしなければならないか

必要なのは人間を直視すること

この戦争がきっかけとなって、イスラーム世界と非イスラーム世界との間に、永続的な敵対関係が生まれることを何としても避けなければなりません。文明間の衝突というのは、前に述べたように、大規模な全面戦争のことではないのです。それは、もっと私たちの身近なところでも経験しうるものです。

たとえば、普段から会話のない夫婦関係をみればよいのです。夫は家族を養うために働き続けているけれど、妻が何を考えているのかを聞こうとしない。そもそも、毎日仕事に追われていて、休日には自分の趣味やつきあいのゴルフに明け暮れて、ついに数十年が経過する。妻のほうは、対話を試みても夫に無視されるので不満を募らせているが、しだいに対話そのものは諦めてしまう。

その間、夫婦間には小競りあいのような小さな衝突がくり返されるけれど、一見やさしく振る舞う夫と、一見夫に尽くしているように見える妻の行為によって相殺されながら小康状態を保っていく。そして定年を迎えた頃、ついに妻の不満は爆発し、離婚を言い渡される。夫は何が起きたのか分からずにうろたえて逆上するが時すでに遅し。

たとえていえば、イスラーム世界が妻の立場で、アメリカが夫の立場です。しかし、夫婦なら離婚すればすみますが、世界に十数億のムスリムと離別することはできません。したがって、ここに書いたような対話のない関係がくり返され、突発的な爆発の規模が拡大していくのです。

これまでも、何度かアメリカに対する異議申し立てはあったにもかかわらず、アメリカは耳を貸しませんでした。そして、九月十一日を迎えたのです。ただし、あの事件にムスリムが関わっているとしての話ですが。夫婦ならば、ここで離婚してしまうでしょうが、イスラームとアメリカの関係は、その後、夫が逆上して妻に暴行を加えているようなものです。暴力によって、黙らせようとしているのです。こんなことが可能でしょうか。

実のところ、今回のテロ事件からアフガニスタン侵攻にいたる事態の推移は、このような対話のない人間関係の悲劇というべきものであります。別に、イスラームについての深い知識や研究をまたなくとも、本質的な問題を理解することは十分に可能なのです。これを、複雑な国際関係の問題として検討することは、私たち専門家の仕事ですが、広く世界の人びとに本質を理解してもらうために必要なことではないのです。

先の夫婦の例でいうならば、最後の爆発をもたらす前に、夫は妻の声に耳を傾けるべきでした。妻もまた、夫の声に耳を傾けておくべきでした。すなわち、両者の意見の食い違いを衝突に発展させないための「対話」が必要不可欠であったのです。

夫婦に限らず、およそ人間関係において、完全に両者の意見や主張が一致することなどありえません。その意味では、夫であれ、妻であれ、相手の主張に対して、一定の妥協をすることが必要であります。この妥協を、力関係の強弱にもとづいて排除してしまいますと、弱者の側は、当然のことながら不満を募らせ、いつか暴発の危機を迎えるのです。

現在の世界は、九月十一日に激しい暴発を経験いたしました。そして、その後のアメリカの攻撃によって、次の暴発へのインターバルが短縮されている状況にあると私には思えます。力による反撃や報復は、確実に次の暴発までの時間を縮めているのです。このことに、全人類は早く気づかねばなりません。

両者の関係が相当に悪化していたり、強弱の差があまりに大きかったりすると、そもそも対話が成り立ちません。十九世紀以来、世界の覇者として君臨してきた西欧世界は、このことを理解する必要があるのですが、残念ながら、今日にいたるまで、覇者としての驕りを捨てることができていません。

近代以来、西欧世界で創り出されたさまざまな価値というものは、その後の世界において支配的な力をもつにいたりました。なかでも、理性の信仰に対する優位、科学の神学に対する優位、西欧的な人権概念、社会や政治の制度としての民主主義の絶対的優位など、二十世紀の世界で支配的な観念となりました。

しかし、およそ人間が創造するものに、絶対的に正しいということがあるのでしょうか。人間社会を考えるときに、近代の西欧世界に生まれた価値を抱き続けることに、疑問の余地はないのでしょうか。

こう申しますと、すぐに反論が出て参ります。西欧世界に生まれた価値体系でも、時代を追って変化していくではないか。かつて西欧世界でも、同じ民族から成る国民国家を理想としてきたけれど、その後、マイノリティの人権にも配慮するようになってきた。このことは、西欧世界が普遍的な人権概念を創り出したからこそ、その幅を広げることで実現できたのではないかというのです。

女性の人権にしても同じ事がいわれます。二十世紀の前半までは、西欧世界でも男性に従属していたではないか。良き家族像、良妻賢母を美風とする風潮は、西欧のキリスト教世界の道徳だったではないか。家庭に縛りつけられていた女性を解放したのは、宗教による束縛に対する理性の勝利であり、それこそ国家と教会とを分離してきた西欧世界でしか成し遂げられなかったではないか、ということになります。

確かに、人権や民主主義の概念も、生まれた頃に比べると変化して、できるだけ多様な人間の存在を認める方向になってきました。しかし、それは相変わらず西欧世界の内部での自律的な変容でありまして、他の文明世界、とりわけイスラーム文明の世界から何かを学んだという形跡はまったくといってよいほどありません。そこにはイスラーム的な価値を認めたり、ムスリムの生き方を理解しようとする姿勢は、ほとんどみられないことに注目する必要があります。

ヨーロッパは、なぜイスラームと共生できなかったのか

私は、長いことヨーロッパに暮らすムスリムの移民たちが直面する様々な問題を研究してきました。彼らは、日常的に西欧世界と向きあっております。研究の過程で、どの国のムスリム移民も共通に指摘する問題点があることに気づきました。

それは、半世紀ちかくヨーロッパで暮らしてきても、ドイツ人にせよ、フランス人にせよ、オランダ人にせよ、イスラーム的規範には何の関心も持たなかったし、ムスリムの価値観や心情を理解しようともしなかったということです。そして無関心の背後には、彼らから学び得るものなど何もないという思い上がりとムスリムへの侮蔑の念があったというのです。

オランダは、世界でもっとも先進的な多文化主義を政策として実現してきました。実際、オランダにいるトルコ人のほとんどは、これまでオランダ人から差別を受けた経験はない

と話していました。しかし、九月十一日の事件以降、突然、オランダでもイスラーム小学校が襲撃されたり、モスクに嫌がらせが増えたりという事件が起きています。

たしかに、オランダは、高度なリベラリズムにもとづく社会を実現してきました。誰でも、人間が個人として生きたいように生きる自由をもつ——このことは、オランダにおける長いプロテスタントとカトリックとの相克の歴史のなかで築かれた価値ということができます。

このリベラリズムの伝統は、実際の社会においても実現されました。それが、オランダ独特の「列柱型の多文化主義」というべきものであります。分かりやすくいえば、カトリックの信徒は、カトリックの幼稚園に通い、小学校から大学までカトリックの学校で学び、カトリックの新聞を読み、カトリックの政党をもち、カトリックの商店で買い物をし、カトリックの高齢者施設で晩年を過ごして、カトリックの墓地に埋葬される自由を権利としてもつのであります。同じ権利はプロテスタントにもあります。宗教は嫌だという無神論者や社会主義者も、まったく同じ権利をもちます。ユダヤ教徒もそうです。

そのため、他の宗教の信徒にくらべると、ずっと歴史の浅いムスリムにも同じ権利が保障されたのであります。現在、オランダ全国で三十ものイスラーム小学校があります。これらの学校は、日本でいうところの私立学校とは違いまして、財政上はオランダ政府の支出によって運営されておりますから、一種の公立学校なのです。中学校も二校ほど開校されたと聞いております。

そのオランダで、なぜ、ムスリムの移民たちがこれまで自由に暮らしてこられたのかというと、それは、オランダ社会が「私は私、あなたはあなた。あなたたちの自由は尊重するけれども、私たちにも干渉しないでね」という態度を貫いてきたからなのです。つまり、相手のことを理解したうえで共生を図ってきたのではなくて、相互に不干渉の原則を貫いたからこそ、共存関係が成り立ってきたのです。

ここのところに注意をしなければなりません。つまり、ネイティブのオランダ人たちは、何もイスラームやムスリムが好きで一緒に暮らしてきたわけでもなければ、彼らのことを理解する必要があると感じていたわけでもないのです。同じ社会を構成するメンバーとしては、はっきり平等な権利を認め、そのうえでお互いに干渉しないし無関心でいるというのが、オランダ的な多文化主義の本質といえるでしょう。

日本でも、近年、多文化主義への関心が高まっております。単一民族国家だというような妄言は論外ですが、私には、日本人がいったいどのような多文化主義を頭に描いているのか、実のところよく分かりません。みんなで腹を割って話しあえば、きっとお互いをよく理解できる――なんとなく、そんな幻想といいますか、理想主義的な多文化主義というものを思い浮かべているのではないでしょうか。

しかし、現実には、そんなことを実現した社会はないのです。オランダだけでなく、西ヨーロッパにはイギリスやスウェーデンのように、多文化主義的な政策を採用してきた国はいくつかありますが、いずれも、自分たちの領分には侵入しないという合意のうえで、異文化との共存が成り立っているにすぎません。

同じヨーロッパでも、これがドイツになりますと、状況が一変してしまいます。とにかく外国人の存在を目障りだと感じるドイツ人の数が多いために、日常的に外国人への民族差別や疎外の問題が起きるのです。外国人は多すぎるから出ていってほしいとか、あまり外国人が増えるとドイツ文化の純粋さが失われるというような発言は、別に珍しくもありません。

つい一年前の二〇〇〇年にも、現在は野党となっておりますキリスト教民主同盟（CDU）やキリスト教社会同盟（CSU）という保守政党が、「ドイツの規範的文化」の保護を法律で明文化しようとして議会で論争になりました。一体どうしてこんなものが政治的課題として取り上げられたのかというと、移民や難民が増えすぎて、このままではドイツ文化が危機に瀕するという思いからなのです。

現在、ドイツの全人口の一〇%ほどを外国人が占めております。全部で七百五十万人ほどですが、そのうちトルコ出身者は二百万人に達しております。イスラーム教徒であり、民族も言語もちがう彼らは、移民が始まって半世紀がたとうとしている今も、全く、ドイツ文化に同化する兆を見せておりません。

もちろんそれは、トルコ人が一方的にドイツ社会やその文化を嫌っていたからではありません。ドイツ社会が、一貫して彼らを異質な人間すなわち「外人」として扱い、疎外と差別を続けてきたことの帰結です。そういう処遇を受ければ、トルコ人の側も、頑なにドイツ人になどなりたくないという思いを深くしてまいります。

こうなってしまうと、ドイツ社会は、ある意味で矛盾した反応を示すようになります。一方で、なぜ彼らはいつまでたってもドイツ社会に馴染もうとしないんだと不満を口にしながら、他方では、所詮トルコ人はトルコ人であってドイツ人になれるわけじゃないと信じているのです。こういう態度にさらされつづけたら、人間はだれでも、自分が帰属する民族や宗教に固執せざるを得なくなってしまいます。ドイツでも、ここ十数年のあいだに移民のイスラームへの傾斜が強まってきたのは、このような背景があってのことなのです。

フランスでは、フランス社会に同化しない外国人、彼らの多くはムスリムなのですが、彼らがはなはだ目障りな存在となります。ドイツと似ているじゃないかと思われるかもしれませんが、フランス社会には、人種や民族によって相手を差別する傾向はそれほど強くありません。

しかし、フランス語をはじめ自分たちの文化に敬意を払わない相手となると、途端に厳しくなります。移民というのは、当然、フランス社会の新参者です。彼らが、けなげに自分たちが歩んできた進歩の道筋を後から追いかけてくれるなら「良き移民」であり、一定の理解を示してくれますが、フランス社会の基盤をなす価値に否定的な態度をとるなら「悪い移民」に分類されてしまいます。

フランスに、「自由、平等、博愛」という三つの基本理念があることは、みなさんもよくご存知だと思います。実は三つめの「博愛」については、私は誤訳であろうと考えております。フランス語では、フラテルニテ fraternité と申しますが、これは兄弟愛や同胞愛ということです。

では、誰を兄弟、友人、同胞とみなすのでしょう。ここにフランス共和国の市民（国民）概念の特徴が出てくるのですが、フランス共和国の理念を共有する人間なのです。理念を共有する人間を兄弟として、同胞として愛するのです。したがって、当然のことですが、理念を共有しない人間は愛してもらえません。フランスには、共和国の理念に誇りを抱いている人びとがたいへん多いので、理念を共有しない人間が、のうのうと国内に暮らしているという事態を傍観できません。怒ってしまうのです。

実は、フランス共和国に暮らしながら、共和国の重要な理念の一つを「共有できない」とはっきり宣言した人びとがおりました。それが一部のムスリムだったのです。宗教に関する問題は、フランスでは激論の対象になります。

フランスは、ヨーロッパ諸国のなかでも、もっとも厳しい政教分離原則をもつ世俗国家です。したがって、公の領域で宗教的なシンボルを掲げたり、身につけることも禁止されています。そのため、ムスリムの女性が学校でスカーフやヴェールを着用すると問題になるのです。

事実、一九八九年には、パリ郊外の公立中学校でムスリムの女子生徒がスカーフを着用したまま登校したところ、校長がスカーフを取るように求めて大問題になりました。親たちは、信教の自由を侵す行為だとして学校の対応を非難したのに対して、校長は公立学校は宗教から中立な空間である以上、いかなる宗教的シンボルを身につけることも許されないとして突っぱねたのです。

リオネル・ジョスパン国民教育相（現首相）は、「可能な限り親と子どもを説得して、フランス共和国の憲法原則である世俗主義に従わせるべきである。しかし、どうしても説得に応じないのなら、彼女たちを反啓蒙の鎖につないでしまうよりは、まだしもスカーフを着用したままでも学校に来させるべきだ」という通達を出しました。

この通達が、今度はフランスの共和主義者たちの逆鱗に触れてしまいました。共和主義者というのは、フランス共和国を創り上げてきた理念を重視する人びとですが、フランスという国家自体が、民主主義を世界に先駆けて実現してきたところから、単なる保守主義や民族主義とは異なります。

彼らの言い分はこうです。移民たちが、フランスをフランスたらしめている共和国の原理に盾突くとは何たることだ。フランスに暮らしている以上、憲法原則である世俗主義をないがしろにすることは許されない。ジョスパン国民教育相は、なぜムスリムの移民たちを甘やかすのか、とたいへん厳しい批判を浴びせたのです。極右のフランス民族主義者たちにいたっては、ムスリムがフランスの原則を侵すなら、さっさと出ていくべきだと公言いたしました。

こうして、女子生徒のスカーフが、世論を二分する大論争にまで発展したのです。しかし、ここで少し立ち止まって考えてみましょう。共和主義者たちの論理はたいへん明快です。ここはフランスなのだからフランスのルールに従え、というだけです。しかし日本的な意味での「郷に入っては郷に従え」とは少しニュアンスが異なります。フランスの場合、「我々のほうが進んでいるのだから、遅れているお前たちは我々に従うべきだ」という意識がはっきりと出ています。

一方、社会党のジョスパン大臣は、彼らを学校から排除することは良くないのだと言いました。しかし、その理由は、「学校だけが、（遅れているムスリムたちを）啓蒙できる唯一の場所だから」なのです。長い目でみれば、そのほうが彼らを啓蒙できるし、フランス社会の先進性を理解させることもできるというわけです。

つまり、どちらの立場も、ムスリムがなぜスカーフを被るのかという理由などどうでもよかったのです。しょせん、スカーフ（ヴェール）＝女性の人権抑圧の象徴＝イスラームの反近代性という図式的な理解にとどまっているにすぎません。しかも、先進的なフランス憲法の原則を破っているというのですから、ムスリムの声に耳を傾ける余地さえありませんでした。フランスの場合、このように、文化に関しても自分たちの方が上であるという確信に基づいて相手を見下す傾向はかなり強いものなのです。

これまでに見てきたようなムスリムとのつきあい方では、対話が生まれる可能性はほとんどありません。現在、ドイツにはトルコ人を中心として三百万あまりのムスリムがいます。イギリスにも旧植民地であったパキスタンやバングラデシュなどから百数十万のムスリムが、フランスも旧植民地のアルジェリアやチュニジアなど北アフリカから四百万、オランダにもトルコやモロッコから、デンマークにもトルコから、オーストリアにもトルコから、ベルギーにもトルコや西アフリカから、最近ではスペインにも対岸のモロッコからムスリムが移り住んでおります。

イスラームはすでにヨーロッパ第二の宗教となっています。しかも、キリスト教が社会的役割を小さくしているのに対して、イスラームは個人の内面だけでなく、組織化が進み、社会的な役割を大きくしつつあるのです。ヨーロッパ各国で、ムスリムはホスト社会からの疎外を味わいながら暮らしてきました。そのなかで、彼らは自分たちの信仰を守り、信徒共同体の一体性を強めるために、信徒の組織化を進めていったのです。

もちろん、こうした組織がみなヨーロッパ社会とのあいだに壁を築こうとしているわけではありません。むしろ、言葉の問題や雇用問題などで困っているムスリム同胞たちを助けるための互助的な組織として誕生したものです。移民たちが家族をもち、子どもが大きくなってくるにつれて、ホスト社会との関係は重要な意味をもつようになっていきました。第一世代の移民たちは、もっぱらお金を稼ぐことが目的で豊かなヨーロッパ諸国を目指したのですが、子どもたちにとっては、すでにドイツやフランスが母国なのです。二十一世紀を迎えたいま、移民たちはすでに第三世代の時代に入りつつあります。

世代の交代が進むにつれて、自分たちは、一体何者としてヨーロッパの地に生きているのかというテーマが、彼らのなかで大切な意味を持ってきております。言葉にも不自由であった第一世代に比べますと、第二、第三世代の若者たちは、定住先の国の言語にもそれほどの不自由はしておりません。読み書きになると、まだ十分とはいえませんが、少なくとも話すことにはさほど不自由はありません。

しかし、そうであるがゆえに、彼らは自分たちが何者なのかという問題に自覚的に向き合わなければならないのです。彼らを疎外してきたヨーロッパ社会の懐に飛び込むのか、距離をおいてつきあいつづけるのか、それとも壁を築いて出来る限りつきあわないようにするのか——現実には二つ目の選択肢をとる移民が圧倒的に多いのであります。

ホスト社会が、オランダのように「あなたはあなた、私は私」型の多文化主義を採用している場合には、距離をおいてつきあう方式は、ホスト社会側を苛立たせることはありません。むしろ歓迎されるのがふつうです。しかし、相互理解が進むわけではないという点は前に指摘したとおりです。

一方、ドイツのように民族的な純血主義志向がいまだに残っている国では（日本もそうでありますが）、ホスト社会からの疎外によって、移民側は壁を築く可能性が高くなります。このときに、「民族」という壁を築くのか、それとも「イスラーム」という壁を築くのかが焦点になります。ドイツのケースをみておりますと、「民族」で差別してくるホスト社会に対しては「民族」で壁を築く傾向が見られますが、近年は、「イスラーム」で対抗する傾向が強まりつつあります。

民族は団結の絆になりえますが、人の心に平安と希望を与えることはありません。民族というものには、日々の心の糧を与える要素がないからです。これに対して、イスラームという宗教は、信徒のあいだの絆だけでなく、生きるための規範、安心、そして希望をあたえてくれます。

フランスのように、イスラームそのものが嫌われる対象になりやすい場合は、ムスリムの反応もはっきりしてきます。はっきりと壁を築いて組織化をすすめていきます。しかも、フランス側に干渉されることを嫌いますので、それらはしばしば郊外の低所得層が集中する公共住宅群や、大都市部のごちゃごちゃした移民街の一角にひっそりと存在しております。

パリ郊外のクール・ヌーヴという寒々とした工場地帯に、私は巨大なイスラーム組織の本部を訪ねたことがあります。外から見ると、それは何の変哲もないプレハブの工場にしか見えませんでしたが、なかは巨大な礼拝所とオフィスから成り立っていて、フランス全土のムスリムに対する支援活動に熱心に取り組んでいます。周囲には人家もありませんから、目立つこともなく、フランス人の疑いの眼差しにさらされることもないのです。

ジル・ケペルというフランスの学者は、このようなイスラーム組織を克明に調べまして、『イスラームの郊外』（*Les Banlieues de l'Islam*）という本を書きました。フランス人が気が付かないうちに、この国がムスリムにじわじわと侵食されていることを警告するために書かれた本といってよいのですが、これは反響を呼びました。ケペルは『宗教の復讐』（原題を直訳すると、神の復讐、*La revanche de Dieu*）という本も書いていて、近年の過激な宗教運動をイスラームだけでなくほかの宗教にも踏み込んで分析をしております。しかしながら、なにしろ、イスラーム組織＝危険な組織という図式が頭にこびりついているので、結果的にはフランス人読者の恐怖感を煽る内容になっています。

フランス政府は、九〇年代の半ばごろ、国内のイスラーム組織をどうやって手なずけるかを考えていました。その当時、アルジェリアでのイスラーム過激派のテロ事件がフランスに飛び火し、パリの街にはいたるところ武装した警官がうろうろしているという状況でした。もとはといえば、九〇年代はじめにアルジェリアで行なわれた選挙で、イスラーム救済戦線（ＦＩＳ）が勝利したのに対して、軍部がこれを弾圧し選挙を無効にしたことがきっかけでアルジェリアが内戦状態に陥ったのでした。フランス政府は、このとき「民主的選挙」の結果であるイスラーム救済戦線の勝利を無視して、アルジェリア軍部に対して何の行動もとりませんでした。いわば、民主化の結果を見殺しにしたのです。

このことはフランス国内のムスリムに大きな反発を呼び起こしました。その後イスラーム救済戦線が分裂して、暴力的な過激集団が跳梁跋扈し、フランスにも侵入してスーパーマーケットや駅で爆弾テロを起こしました。フランス内務省は、国内のイスラーム組織の分断を図りました。フランス共和国の原則を遵守する「善きイスラーム組織」と、これを無視する「悪しきイスラーム組織」に分けようとしたのです。

パスクワ内務大臣は、フランス・ムスリム代表者会議というものを主催して、これに参加する組織とは対話をしましょう、要望も聞きましょうという方針を打ち出しました。もっとも、フランス政府と近い関係にあるアルジェリアやチュニジアの穏健な組織に呼びかけただけで、フランスのいうことを聞きそうもない組織や、あまり重要でないトルコの組織などには声もかからなかったようです。

フランス政府のこうしたやり方は、植民地を統治するときによく使った分割統治の方法を踏襲しています。自分たちのいうことを聞く集団を支援して、他の集団との関係を悪化させ、仲間割れとなったときに、介入していうことを聞かない集団を攻撃するやり方です。

中東では、レバノンでこの方法を存分に使いました。現地のキリスト教徒マロン派に肩入れしてムスリムとの関係を悪化させ、さらにムスリムのなかもスンナ派とシーア派が分裂するように仕向けたのです。そのため、レバノンは第二次大戦後に独立した後も、宗派間で大統領や首相、閣僚ポストまで割り振るという特異なシステム（コンフェッショナリズムといいます）を採用することになりましたが、宗派間の対立が激化して、ついに一九七〇年代から八〇年代にかけて激しい内戦になってしまいました。

実にろくでもない統治の方法ですが、フランスは九〇年代になって国内のムスリムにもそれを使おうとしたのです。しかし、ことはフランスの思惑通りに進みませんでした。穏健でフランスのいうことを聞くはずのイスラーム組織が出してきた要求というのが、公共墓地のなかにムスリムの区画を分けることであったり、兵役についているムスリムのために特別な食事を提供することであったり、フランス共和国の世俗主義の原則に抵触するような要求ばかりだったのです。

実のところ、フランス政府は、世俗主義の原則（ライシテ）を踏み絵にして、これを呑めば相手をしてやろうという態度で臨んだのですが、イスラーム組織の側には、世俗主義の原則が、どうも通じなかったようです。それもそのはずで、ムスリムにとって、この世俗主義、つまり公の領域は非宗教的でなければならないという原則は、理解できないものなのです。

神から人間に下された啓示、コーランに記されている諸々の規範というものは、個々の信徒に対する個人的な規範だけでなく、信徒の社会のあり方に関する規範も含まれております。したがって、最初からイスラームには、個人と社会とを分ける考え方がないのです。このことは、別の言い方をいたしますと、聖俗分離の考え方がない、ということです。

日本では、山のお寺などに参詣した後、下界に降りてきてから精進落としといって、俗界に戻ったのだからとお酒を飲んでドンチャン騒ぎをしたりいたしました。これは、聖なる空間と俗なる空間とを区別していることの表れといえましょう。神社仏閣などの境内を聖域として、その外側の空間とを分けて考えるのも同じ発想にもとづいています。

しかしイスラームには、このような考え方がないのです。モスクや礼拝の場所は、祈りの場ですからそれなりに神聖な場所ですが、モスクの内外で聖と俗に分離されるわけではありません。だいいち、礼拝は絨毯一枚を床に敷いてその場を清めてしまえば、どこでもできることになっております。

したがって、現実の生活におきましても、聖なる空間と俗なる空間を区別することはありません。この点で、初期の段階から、カエサルのものはカエサルへ、神のものは神へ、というふうに聖俗分離の考え方が存在したキリスト教とは大きな違いがあるのです。キリスト教世界、とくに西欧の世界では、その後近代を通じて、国家と教会とを分離する政教分離の考え方が定着していきます。前に申し上げたとおり、なかでもフランスは、国家を非宗教的＝世俗的にするという点では徹底した国でありました。

そのフランスにとって、国内のムスリムたちが世俗主義を理解しないというのは、頭の痛い問題であります。今のところ、さまざまなフランスの知識人たちと話をしますと、彼らは異口同音にこう言います。「ムスリムたちはフランスに来てまだ日が浅い、だからフランスの世俗主義を理解できていないし、啓蒙されていないのだ、いずれ時間がたてば、彼らも世俗主義の素晴らしさを理解するであろう」

私は幾度も同じ話を聞かされるうちに、うんざりしてまいりました。フランスが、西欧近代文明のパイオニアでありリーダーだという自負を抱くのは理解できます。そしていまだに、文化的な同化主義が強固であります。

しかし、その自負と自己中心性ゆえに、この国では異文化との対等な関係を築くのがおそろしく困難なのです。日本からフランスへ留学した人たちを見ていると、そのことがよく分かります。他の国に留学した人たちに比べると、はるかにフランスかぶれになって帰ってきます。

日本人の場合、フランスの文化と張りあったり、戦ったりするほど確たる文化を持っていませんので、彼の地で一生懸命勉強しているうちに、いつしか疑似フランス人インテリと化してしまうのでしょう。大学にはそのたぐいの人が多いのですが、彼らはフランス人の抱いているイスラームやムスリムに対する偏見や差別意識まで、無意識に受け継いでくることがあります。人権や民主主義を錦の御旗のように振りかざしながら、イスラーム批

反戦デモに参加するムスリム女性
（2001年10月9日、イギリス・グラスゴー）

判を口にするフランスかぶれを見ていると、不愉快というよりも、日本人にとって外国文化の受容とは何だったのだろうかと考えこんでしまいます。

さて、私たちがこれからなすべきことが何であるのか――それは、この章で書いてきたことを反対にすればよいのです。こうすべきだ、ああすべきだと書いてしまうと、どうも説教臭い文章になってしまいますので、西欧諸国がいかにして対話に失敗してきたかを並べたのです。

もっとも、西欧世界は、いまだにここで私が指摘した問題に気づいておりません。ムスリムと一緒に暮らしているのに、それほど対話というものがないのが現状なのです。たとえ対話をしても、相手のいうことに率直に耳を傾ける態度が西欧世界には欠けております。それほどに、西欧近代文明は偉大で巨大な力を持ってしまったとも言えます。

しかし時代は変わりました。もはや西欧世界に昔日の力はありません。イスラーム文明圏をはじめ、アジアやアフリカの社会が、無限定に西欧世界に右へならえをしているわけでもありません。とりわけイスラーム世界は、日常的に西欧世界と接触してきただけに、西欧世界が近代以降に生み出した諸価値のうち、自分たちの規範に照らして問題がなければ積極的に受容しますし、問題となれば拒絶いたします。

つまり彼らの態度は、ケース・バイ・ケースの選択的なものであって、二者択一的ではないのです。この態度に問題があるとは私には思えません。もし、他者に向かって、イスラーム的規範や価値観を押しつけようというなら問題ですが、ムスリムは通常そのような行動をとりません。それではタリバンの態度は何だ、と問われるかもしれませんが、何度も申し上げたように、あの組織は、イスラームが本来備えているはずの異文化に対する選択的受容の精神さえ失っている閉鎖的集団であります。

世界に十数億という巨大な文明世界ですから、ムスリムのなかにあのような孤立した集団が生まれることはあります。しかも、イスラーム世界の事情で育ったというより、アメリカやパキスタンが寄ってたかって極端な集団を育てたのですから、何よりも、このような集団を育成するメカニズムを排除することが必要です。

それよりもはるかに大切なことは、ムスリムとのあいだに隣人として対話をおこない、共生のための方法を見出していくことであります。私たちの隣人を、次の時代のタリバンにしてしまうか、それとも共生のパートナーとして共に歩んでいくのか、それは非イスラーム世界にあってはホスト社会を構成する私たち一人ひとりの課題なのです。

そのために必要な第一歩は、彼らに問うてみることです。

「あなたにとって、いちばん大切なものは何ですか?」

「あなたが愛しているものは何ですか?」

「あなたが憎んでいるものは何ですか?」

この三つの問いで結構です。これらの問いに彼らが何を答えるか、じっと耳を傾けていただきたいのです。それだけでいいのです。彼らの答えをきっかけとして、私たちは何かを考えるでしょう。つぎに、考えたことをもとにして、対話をはじめればよいのです。

いうまでもありませんが、そのときに、頭から彼らの考えを否定したり、居丈高な態度をとったり、あるいは自分で普遍的な価値だと信じているもの(それらの多くは、近代西欧に生まれて日本が輸入したにすぎないのですが)を押しつけるような態度をとるなら、対話は成立いたしません。こういう態度は、ヨーロッパの人びとがすでに散々ムスリムを疎外してきた態度そのものだからです。

国家としての日本は何をなすべきか

同時に、イスラーム世界に対しては、やはり国家としての日本の対応が問われることになるでしょう。国家を単位として対話を始めるとなると、問題ははるかにむずかしくなります。テロ事件以降の日本政府の対応は、あまりに視野がせまいといわざるをえませんでした。事件そのものはアメリカで発生いたしましたが、その有形無形の影響はグローバルなスケールで表れました。

にもかかわらず、日本政府はアメリカというパートナーの意向を満足させることに奔走いたしました。アメリカは日本にとって最も重要なパートナーですから、このこと自体は否定すべきではありません。しかし問題なのは、アメリカの意向にかなうことが、世界的視野に立って公正であり、憲法前文にうたわれている「名誉ある地位」を占める行為なのかどうかを省察しなかったことにあります。

テロ事件後にアメリカ政府がとった多くの行動のなかで、軍事行動については、イスラーム世界に限らず多くの国家が留保をつけざるをえないものでした。日本にとって、重要な隣人であるはずのアジア諸国のなかで、諸手を挙げてアメリカの行動を支持したのは、自国がイスラーム過激派ゲリラの反政府活動に悩まされてきたフィリピンなどごく少数でした。他にはシンガポールや韓国も支持を打ち出しましたが、韓国軍は作戦行動には参加していません。

東南アジアでも、マレーシアは一貫して報復的な軍事行動に反対してきましたし、インドネシアも、十月半ばにはメガワティ大統領が態度を翻して、懸念と批判を強めました。中国やロシアは、テロ根絶のための戦いには賛同したものの、軍事行動への協力はしませんでした。

イスラーム世界諸国のなかで、アメリカ支持を打ち出したのは、トルコや湾岸戦争で苦い失敗をしたヨルダンぐらいです。ヨルダンは、湾岸戦争のさなかに、当時のフセイン国王がイラクを支持するような発言をして、サウジアラビアのようなアラブの支援国の逆鱗にふれたばかりか、イギリスやアメリカからも不興を買ってしまいました。これに懲りて、今回はいち早くアメリカ支持を鮮明にしましたが、今度はイスラーム世界諸国からの批判を浴びることになりかねません。

他のイスラーム世界諸国は、すでにアメリカの軍事行動を支持しない方向に傾きつつあります。とくに、ラマダン月に入った後も攻撃が中止されなかったことに失望と懸念を表明する国は多数を占めております。

西ヨーロッパ諸国も、政府としてはいずれもアメリカを支持してきましたが、個々の国の対応となると、ずいぶん差があります。ＮＡＴＯの加盟国であっても、ギリシャはこのておりります。

戦争からはっきり距離をおく姿勢を示しています。北欧諸国も軍事行動からは距離をおいております。

フランスは積極的な姿勢を示してきましたが、国内にはすでに懐疑的な見方が広がっております。この点はイギリスも同様で、戦争がはじまって日がたつにつれて、世論にはアフガニスタン攻撃に否定的な意見が増えてきています。ドイツも軍事貢献を決めたものの、与党の社会民主党や緑の党にも反対意見が出ているほか、旧共産党系の勢力も反対にまわり、十一月の時点で世論は賛否相半ばする状況となっていました。

さて、このような世界の状況を把握したうえで、日本という国で、これまで議論され、決定されてきた事柄を見直してみますと、やはり視野の狭さというものを感じないわけにいかないのです。そもそも、自衛隊の派遣問題が、誰がいつ発言したともはっきりしない流言蜚語のような「Show the Flag」の一言や「湾岸戦争の轍を踏みたくない」という防衛庁長官の一言から出発したことが、日本の視線がアメリカにしか向いていないことを如実に物語っております。

井の中の蛙、大海を知らずという言葉があります。今回も、国家としての日本は、あいかわらず「井の中の蛙」であります。ただし、井戸の中にはもう一匹、巨大なアメリカという蛙がおります。イギリスやフランスも井戸の中に飛びこんでいますが、このままアメリカと一緒に泳いだものかどうか、まだ躊躇しております。大蛙の脇で自信に溢れて泳いでいるのは日本だけなのです。

この自信が、世界を熟知した上での自信ならよいのですが、無知からくる恐いもの知らずなら問題は深刻です。外務省の専門家たちの情報収集が実ったのか、十二月に入るとパキスタンに自衛隊を出して難民救援にあたるという話は表に出なくなってきました。

憲法第九条に違反する問題あるいは集団的自衛権の行使にあたるかどうかという以前の問題として、状況を把握できない地域に自衛隊を派遣するという発想そのものが私には論外でした。パシュトゥン語をはじめアフガニスタンを構成する諸民族の言語が話せる専門家が防衛庁や外務省に何人いるのでしょう。何が起きているか、時々刻々と変化する情勢を分析し、適切な行動をとるには、高度な情報収集力と解析能力が必要なことはいうまでもありません。

敵と味方を識別するための、最低限のツールである言語能力もなしに、混乱する現地に赴くという発想自体、まるで自衛隊員を政治の道具に利用しているようで私には不快でした。任務としてそのような場所に派遣される自衛隊員に対して、あまりに無責任ではないかと感じたのです。

九月十一日以降に世界で起きたこと、それはあらゆる意味において、私たちにグローバルな視角を要求するものでした。非国家主体によるテロも、その主体が存在する空間を特定できないという意味で、グローバルな犯罪でありました。

犯行集団はアメリカにいたのか、ヨーロッパにいたのか、それとも他の地域にいたのか、少なくとも、テロという犯罪が発生した瞬間には、それが誰にもわからないという意味において、言いようのない不安と茫漠とした広がりをもつ「世界」を意識せざるをえないものだったのです。

次に起こされたアメリカによる軍事行動は、アメリカという国家が主体となって武力を行使しました。同盟国との協調関係を誇示しようと試みたものの、現実には主体はアメリカであり、イギリスが副次的な役割を演じ、あとの国々は日本を含めて、周縁にとどまっております。

アメリカという国家主体によって「敵」と定められた相手も、アフガニスタンという空間のなかに閉じ込められたタリバンやアル・カーイダという集団でありました。非国家主体によるテロに対して、アメリカは古典的な「戦争」という手段によって、ターゲットを定めて攻撃したのです。ウサマ・ビン・ラディンの関与を示す直截的証拠を開示する以前に軍事行動に踏み切ったため、ターゲットすなわち「敵」の設定が正しかったのかどうかは定かではありません。

一方、アメリカによる戦争に対するムスリムの反応は、文字どおりグローバルなものになりました。イスラーム世界を構成する諸国家は、さまざまな反応を示しましたが、ムスリムの反応は一定でした。悲しみ、痛み、そして怒りであります。反応のレベルと、それによって誘発される行動には大きな幅があります。静かな怒りから、デモで叫ぶ怒り、そして冷静に敵を倒すための新たな計画にいたるまで、さまざまであります。にもかかわらず、アメリカとその同盟国に対する「怒り」だけは、あらゆるムスリムが共有していることを忘れてはなりません。

怒りを静めるために、私たちは何ができるのでしょう。先ほど述べた個人の対話は、ここではさほどの役には立たないと思われます。怒りを静めるために必要なのは、「公正」であります。ムスリムに対して行なわれた理不尽な殺戮と攻撃を埋めあわせることは不可能ですが、今後、世界において新たな不公正が発生することを阻止しなければなりません。

現在、もっとも不公正な現実にさらされているのはパレスチナの人びとです。十分すぎる血と涙が流されたこの地の人びとに、いち早く、公正を実現しなければなりません。この場合、まずパレスチナの人びとに象徴的に公正が実現されることが絶対的に必要であります。パレスチナ側のテロの犠牲になったイスラエルの市民には耐えがたい忍耐を強いることになりますが、対立する主体の力を比べれば、イスラエルの優位は圧倒的なものです。圧倒的な力を背景に、相手の権利や主体性を制限することは不公正な行為なのです。

パレスチナ人にとって、公正を象徴的に実現することは、主権を回復し彼らの国家を樹立することをおいて、今のところ考えられません。ただし、イスラエル市民の不満と不安を国際社会が力でねじ伏せて、この公正を実現しようとするなら失敗に終わるでしょう。戦後一貫して、中東外交においてイスラエルの背後にありつづけたアメリカはともかく、イギリスやフランスは、ヨーロッパにおけるユダヤ人差別と疎外の責任を自覚して行動しなければなりません。ユダヤ人の大虐殺を引き起こしたドイツだけが、ユダヤ人問題の責任を負っているわけではないのです。

アフガニスタンの人びとに対して、アメリカはこれ以上、いかなる軍事的・政治的介入もすべきではありません。イギリスやフランス、そしてロシアも同様であります。必要なことは、何にもまして、タリバンから北部同盟にいたるまで、あらゆる勢力の武装解除を行なうことです。そのために、アフガニスタンに関わってきた、あるいは関わろうとする全ての国が、応分の負担をして、武器を買い取ることが必要でしょう。介入ではなく、商取引をするのです。商取引は、それ自体を公正に行なえば、行なう主体の「公正」を示すことができるのです。

日本が意欲を示している復興支援は、この公正な商取引によって、武器を引き取り、地雷を除去しなければ達成できません。私たちの世界は、この取引で、実に無意味なモノを手に入れることになります。しかしながら、私たちにとって無意味な兵器の山が、アフガニスタンの人びとの生命を奪いつづけてきたことを心に刻むことが、公正の実現には欠かせないのであります。

アメリカやロシアが嫌がるのなら、日本がそれを実行したらよいのです。日本は、これによって確実に「国際社会において名誉ある地位」を占めることができるでしょう。人を傷つけないための貢献、これに勝る国際貢献はありません。世界的な公正のために行動すること、それは二国間の同盟関係に優越します。この公正は、アフガニスタンという限定された空間のなかで実現されたとしても、ムスリムのグローバル・ネットワークによって、世界的公正へと昇華されることになるでしょう。

十二億とも十三億ともいわれる全世界のムスリムの憎しみと敵意を受けたまま、この世界で生きていくことはできません。彼らの人口はすでに世界の全人口の五人に一人に達しているのです。近い将来、三人に一人になるだろうと推計されています。数が多いから妥協する必要があるというのではありません。それだけの人口を占めるムスリムが、これまでに受けてきた不公正をそのままにして敵意を放置することは、二十一世紀の世界を危機に陥れることを意味します。

西欧世界の優位を信じて疑わないという驕りは、自分たちの価値観を普遍的なものと思い込ませてしまいます。その思い込みからイスラームとムスリムに対して無知でありつづけるならば、世界を危機に陥れることになります。二十一世紀最初の年に、不幸にして新しい戦争が始まりました。新しい戦争の惨禍を予見することは、きわめてむずかしいものです。第一世界大戦にせよ、第二次世界大戦にせよ、始まったときに、その終焉がいかなる惨禍を招くかを予見した人はほとんどいませんでした。惨禍の予見を妨げるもの、それが無知であることを、どうか心に刻んでいただきたいと思います。

［増補］イスラーム世界と西欧の二十年

二〇年前、二〇〇一年の九月十一日、アメリカで世界貿易センタービルや国防総省などに民間の旅客機が突入するという同時多発テロ事件が起きました。本書を書いたのはその直後のことでした。

事件は、オサマ・ビン・ラディンが率いるアル・カーイダという、イスラーム過激派組織による犯行と断定されました。アル・カーイダによるアメリカに対する攻撃は、それ以前からあったからです。

一九九八年には、タンザニアの首都ダルエッサラームとケニアの首都ナイロビにあるアメリカ大使館が爆弾テロによって、大変な被害を出しましたが、この事件も、オサマ・ビン・ラディンとアル・カーイダによるものとされていました。

しかし、九・一一はアメリカ本土が直接攻撃され、三千人にも及ぶ犠牲者を出すという前代未聞の攻撃でした。貿易センターの二つのビルが、炎と共に崩れ落ちる映像は、今も生々しく記憶に残っています。テロリストの側は、この衝撃的な映像が世界で共有されることを知っていて、その視覚効果を狙っていました。しかし、テロに対するアメリカの報復もまた、テロリストではない一般のムスリムに多大の犠牲を強いることになったのです。

この本の最後に、その後二十年で、西欧とイスラーム世界の関係が、どのように変化したかを考えていくことにします。

「テロとの戦い」をめぐる亀裂

テロ事件の後、アメリカと同盟国は、アフガニスタンに侵攻し、イスラーム組織タリバンの政権を倒しました。彼らがビン・ラディンとアル・カーイダを匿っていたからです。直接アメリカ本土が攻撃されるという前代未聞のテロに見舞われたアメリカという国家がテロ組織に報復するのは当然でした。当然だと言っても、それが「正戦」だというのではありません。あの国の性格、歴史のなかで取ってきた行動を考えれば、間違いなくそうするであろうし、事実、そうしたということです。

ＮＡＴＯ（北大西洋条約機構）も、同盟国が攻撃を受けたことを根拠に、アフガニスタンへの攻撃に参加しました。これは、ＮＡＴＯ条約に基づく集団的自衛権の行使として初めての軍事行動となりました。その後、日本でも集団的自衛権の行使を可能にする法の改定が行われました。アフガニスタンでの戦争で集団的自衛権を行使したNATOがその後たどった道を見直しておくことは、日本の将来の安全保障を考えるうえでも必要なことだと思います。

NATO軍には、イギリス、フランス、ドイツ、イタリア、オランダなど、ヨーロッパ諸国も含まれています。つまり、西欧諸国が、こぞってアフガニスタンを攻撃したことになります。

タリバン政権は、あっという間に崩壊しました。崩壊しましたが、消滅したわけではありませんでした。たとえて言うなら、アメリカと同盟国の圧倒的な軍事力を前にして、兵士は村に帰ってしまったというところです。

アメリカは、この戦争の途中で、戦争の目的をすり替えました。当初は、「テロとの戦争」を目的としてアル・カーイダを殲滅するためにアフガニスタンに踏み込んだわけですが、タリバン政権を倒してアフガニスタンという国を造り変えるとなると、別の理屈が必要だったのです。

そこで持ち出したのが、女子教育を認めず、女性の人権も認めないタリバン政権を倒さなければならないという理屈でした。タリバンが厳格なイスラーム法の適用を求めたことが原因でした。アフガン女性が着用するブルカという全身を覆う衣装こそ人権抑圧の象徴だということになり、アメリカの戦争はブルカからの解放の戦いであるかのように喧伝されました。戦争の目的は、いつしかアル・カーイダの掃討から、アフガニスタンを民主化し、自由を与えることにすり替わっていました。「民主化」「自由」「女性の人権」という言葉を持ち出すと、国際社会は反対できません。

女性を人権抑圧から解放する、子どもの人権を保障するという主張は正当なものですが、そのために、戦争という手段が正当化されるか、というなら、それはあり得ません。戦争で女性や子どもを解放すると言っても、爆弾もミサイルも、女性と子どもを避けて落ちたりはしないからです。

戦争開始から二十年を経た最後の最後まで、アメリカは、戦争に対して理不尽な正当化をすることによって、罪もない子どもたちを殺しました。カブールが陥落し、アメリカ軍が完全に撤退する前日のことです。「ホラーサーンのイスラーム国（IS-K）」というイスラーム主義のテロ組織を攻撃するとして、市街地をピンポイントで空爆しましたが、これは完全な誤爆で、NGOのスタッフと子どもたち七人を殺害しています。

アメリカが唱えた「テロとの戦争」はどうなったのでしょう。九・一一の首謀者であったオサマ・ビン・ラディンがアメリカ軍特殊部隊の攻撃によって殺害されたのは、アフガニスタンへの侵攻から十年も経った二〇一一年のことでした。しかも、殺害現場はアフガニスタンではありません。東の隣国パキスタン領内にあったパキスタン軍基地の近くに隠れていたところを急襲したのです。

アメリカは、ここでアフガニスタンへの介入から手を引くべきであったと私は思います。九・一一への報復なら、ほぼその目的を達したわけですから。しかし、アメリカと同盟国は、「アフガニスタンをテロの温床にしない」を合言葉に、この国を「民主的で自由な」国家に造り変えようとしました。ここに、アメリカと同盟国の大きな間違いがあったのです。

その後も、決して消滅していなかったタリバンは、アメリカ軍とNATO同盟国軍を侵略者であり占領者とみなして、徹底抗戦を続けました。アメリカに言わせると、これも「テロとの戦争」ということになるのですが、おかしな話でした。

タリバンはアフガニスタンの地付きの組織です。外国軍が自国を侵略・占領するなら、彼らを追放するために戦うのは当然でした。タリバンが登場するより遥かに前の十九世紀から、この抵抗運動は続いてきました。抵抗する人びとは、ムジャーヒディーンと呼ばれました。ムジャーヒディーンとは、「ジハードの戦士」を意味します。おかしな話ではありませんか。

タリバンも「ジハードの戦士」ですから、ムジャーヒディーンです。侵攻してきたソ連軍とたたかったのも、ムジャーヒディーンです。ソ連軍との戦い、それは一九七九年から八九年のことでしたが、当時はまだ冷戦の時期だったため、アメリカと同盟国は、「ムジャーヒディーン」を共産主義勢力と戦わせるために利用しました。それが、アメリカと戦い始めると、「ムジャーヒディーン」は「テロリスト」になるのでしょうか？　おかしな話というのはこのことです。

　タリバンに限らず、十九世紀以来、西洋諸国と戦ったムジャーヒディーンは、負けるということを知りません。十九世紀以来、イギリスにしても、ソ連（ロシア）にしても、そしてアメリカと同盟国にしても、軍によってアフガニスタンを征服しようとした国はことごとく敗れてきたのです。タリバンに限らず、アフガンの人は自分たちの国を「帝国の墓場」だと言います。帝国主義の墓場と言ってもよいと思います。アフガンの人びとは、過去、何世紀にもわたって外国からの侵略者を撃退してきたことを、誇りをもって語ります。

　九・一一をきっかけとしたアフガニスタン侵攻から二年後の二〇〇三年、アメリカはイラク戦争を起こし、フセイン大統領の独裁体制を倒しました。この戦争はブッシュ政権が、アメリカに対するテロ攻撃の脅威が差し迫っているとして起こしたものです。しかし、サッダーム・フセイン大統領の政権が大量破壊兵器を持っており、アル・カーイダともつながりがあるというアメリカ政府の主張は、後に根拠がなかったことが明らかになりました。アメリカ政府は、国連安保理でも自説を展開しましたから、国連をも欺いたことになります。

　この戦争でも、圧倒的な軍事力で、あっという間にフセイン政権を倒すことはできました。しかし戦争の結果、イラクは分裂してしまいます。アメリカはここでも民主的な制度を持ち込もうとしました。戦争後に選挙をした結果、多数を占めるシーア派が優位に立つ政権ができます。これにより少数派のスンナ派、とくにフセイン政権を支えていたバアス党のメンバーは権力から排除され、不満を募らせていきました。そのことは、後に「イスラーム国」という恐ろしく過激な集団を生み出す原因の一つとなりました。

一方で北部のクルド人は、アメリカの戦争を歓迎しました。長年の夢だった独立に近づくチャンスだったからです。アメリカを支持した彼らは、事実上の独立となる地域政府を樹立し、議会や独自の軍隊を持つに至りました。

二つの戦争では、多くの一般のイスラーム教徒が犠牲になりました。アメリカやヨーロッパ諸国は、イスラーム教徒を敵と見なしているのではない、敵はテロリストだと主張し、これらの戦争を「テロとの戦争」と呼んで正当化しました。

しかし、イスラーム教徒の眼には、欧米諸国が、「イスラームとの戦争」に乗り出したと映っていました。イスラームはコーランなどが求める通り、信徒が犠牲になると、民族も国も超えて「一つになる」という意識が急激に強まる宗教です。欧米は、この点を軽く見ていました。しかも、信徒を犠牲にした加害者と戦うことはジハードであり、すべての信徒にとって義務とされます。

もちろん、全世界のムスリムが蜂起するわけではありませんが、この二つの戦争の結果、世界中でジハードへの意欲が高まったことは確かです。それは、アメリカやヨーロッパの支援を受けてきたムスリム諸国の独裁者に対する激しい抵抗として表れることになりました。

弾圧を正当化した「テロとの戦争」

「テロとの戦争」という言葉は、その後、危険な一人歩きを始めます。政権に反対する人びとをテロリストと決めつけ、弾圧を正当化するために独裁者たちによって使われたからです。

九・一一のテロ事件から十年後、中東のアラブ諸国で、市民が、相次いで独裁政権に反旗を翻しました。最初は北アフリカのチュニジアから始まり、エジプト、リビア、シリアなどに波及していきます。ただし、そうした動きに対する弾圧も多くの国で苛烈を極めました。

チュニジアでは、二〇一〇年の十二月に始まった民主化運動の結果、二十三年にわたったベン・アリー大統領の政権が倒されました。その後の選挙では、イスラーム主義を掲げるエンナフダという政党が第一党となりましたが、世俗主義を掲げる勢力も強く、両者が歩み寄るかたちで民主的な政権の樹立に成功しました。チュニジアのケースは、アラブ諸国の民主化運動では、ほぼ唯一の成果でしたが、二〇二一年、大統領が警察をつかって議会の活動を停止させ、再び暗雲が立ち込めています。

エジプトでは、二〇一一年の二月、三十年にわたって君臨したムバラク大統領の政権が市民によって倒されました。その後、初めて自由な選挙を実施したところ、「イスラームによる世直し」を求めるムスリム同胞団を基盤とする自由・公正党が勝利し、二〇一二年六月にはモルシー大統領が選ばれました。

しかし、軍部は、二〇一三年の七月、モルシー政権誕生からわずか一年でクーデタを起こして政権を奪いました。大統領を拘束し、支持者を徹底的に弾圧しました。軍部はこれを「テロとの戦争」だと宣言します。モルシー大統領の支持母体だったムスリム同胞団はテロ組織に指定されてしまいました。

イスラームを掲げる政治運動をテロ組織と決めつける風潮は、九・一一以降に広がったものです。

クーデタのおよそ半年前、私はカイロを訪れ、エジプトの市民を前に中東の民主化について話をしました。私は、せっかく独裁体制を倒して民主化を実現したのだから、政権を変えるのであれば選挙で変えなければいけない、暴力を招きやすい陰謀論から距離を置くべきだと話しました。しかし、聴衆はモルシー政権を支持するイスラーム派と批判する世俗派の二つに割れて、お互いに、まったく聞く耳を持とうとしません。市民が意見を言い合うだけならよいのですが、長い独裁から解放された後でしたので、互いに激しい言葉をぶつけ合い、罵りあうのが民主化の成果だと思っているようでした。

結果的に、民主化は軍部によって足をすくわれてしまいました。軍部が力で政権を奪取すれば、自由も民主主義も否定されます。軍のトップだったシーシーは、世俗派を支持し、イスラーム主義勢力を追放することで革命の第二幕が達成されたと宣言しました。彼はその後、大統領に就任しますが、イスラーム主義への警戒を強める欧米諸国の支持を得ようとしていました。

アメリカはエジプトに対する最大の軍事援助国でしたが、当時のオバマ政権は、一時的に援助を凍結しました。オバマ大統領は、二〇〇九年に就任して間もなく、エジプトを訪問しカイロ大学で講演しています。その時、彼はイスラームとの融和を説き、むしろイスラーム主義を支持するような発言をしていたのです。

オバマ政権は、前のブッシュ政権がアフガニスタン侵攻とイラク戦争という二つの戦争でムスリムとの関係を悪化させたことから、イスラーム世界との関係修復を図ろうとしました。最初の単独訪問国にトルコを選び、国会ではトルコのEU加盟を支持したのもその表れでした。しかし、エジプトのクーデタでは抵抗する多くの市民が殺害され、その民主化運動はオバマ大統領の理想とはかけ離れた結果に終わりました。

シリア、リビア、イエメンでの民主化運動は、さらに悲惨な経過をたどることになりました。いずれの国も、激しい内戦に陥ったまま現在に至っています。なかでもシリアでは、バッシャール・アサド大統領の政権が、民主化を求める市民を激しく弾圧しました。最初は、イスラームとは関係なく、父親のハーフィズ・アサド大統領の時代から数えると半世紀にわたる独裁体制に対して、ついに若者たちが声を上げたのでした。アサド政権は父親の時代、一九八〇年代の初期にもムスリム同胞団による激しい反政府運動に直面し、その拠点とされたハマという都市をまるごと攻撃して徹底弾圧したことがあります。今回もその再現でした。軍や治安機関を総動員して弾圧が行われ、国民が軍に殺戮されるという最悪の事態となりました。

アサド政権にはイスラーム色がありません。激しい弾圧に対して、ムスリム存亡の危機だという意識が強まり、世界中からジハードの戦士たちが集まってきました。このことが事態をさらに悪化させました。アル・カーイダ系の組織のように、国際テロ組織とされている過激な勢力まで抵抗運動に加わったことで、アサド政権にとってはイスラーム主義の反政府勢力を一掃することが「テロとの戦争」になったのです。

アサド政権は、反政府勢力が支配する都市を悪名高い「樽爆弾」(爆薬と金属片を詰め込んだドラム缶)で空爆し、住宅を破壊し、多くの市民の命を奪いました。南部のダラア、第二の都市アレッポ、首都ダマスカス郊外のグータ地区、ホムスなどで激しい戦闘がつづき、政権側は化学兵器で住民を虐殺するという戦争犯罪にまで手を染めたのです。

そうした状況下で、イラクから「イスラーム国」が勢力を拡大して、シリアの約半分を支配しました。ついに、二〇一五年にはロシアがアサド政権側を支援するために参戦し、欧米諸国は「イスラーム国」への空爆を開始しました。ロシアが主として戦った相手は、複数のイスラーム主義反政府勢力でした。アメリカは、もっぱら「イスラーム国」を空爆しましたが、オバマ政権は、アフガニスタンとイラクの二の舞になることを恐れて、地上部隊を投入しようとしませんでした。その代わりに「イスラーム国」が支配しようとしたシリア北部に拠点を持つクルド武装勢力のバックについて、彼らに地上から「イスラーム国」を攻撃させたのです。

欧米や日本の人びとにとって、そして大半のムスリムにとっても「イスラーム国」というのは常軌を逸した集団でした。「イスラーム国」は不信仰者と断定したムスリムを主な敵として処刑を続けていました。イスラーム法を厳格に適用するといっても、コーランなどには強制を禁じる規範もあれば、神の慈悲深い面も反映されているのですから、信徒に恐怖を与えるばかりでは、到底、正常なムスリムの集団とは言えません。

本来、ムスリム自身が不寛容な「イスラーム国」と戦うべきでした。ムスリムが、初めて本格的に「イスラーム国」と戦うようになった場所はアフガニスタンでした。それも、二〇二一年にアメリカ軍が撤退した後、タリバンが「ホラーサーンのイスラーム国」との戦闘に乗り出してからのことです。シリアとイラクでは、アメリカを中心とする西欧諸国が「イスラーム国」掃討作戦の主役となりました。しかし、その攻撃は空爆が中心であったため、一般の市民は、地上では「イスラーム国」の残虐な支配に苦しみ、空からはアメリカ軍などによる空爆を浴びることになってしまいました。

ヨーロッパ難民危機と共生の破綻

シリア国民は、アサド政権軍やアメリカ軍などによる空爆、地上では、反政府勢力、「イスラーム国」、アサド政権軍が入り乱れて戦うという惨禍のなかにありました。その結果、シリアからは六〇〇万人にものぼる難民が発生し、隣国のトルコ、レバノン、ヨルダンに逃れたのです。なかでも、トルコには最も多くの難民が殺到しました。

内戦を逃れる難民は、必ず、最初に隣国に逃れます。シリアの三つの隣国はいずれもムスリムが多数を占める国ですが、決して欧米諸国のように豊かな国ではありません。それでも、シリアでの惨劇は近隣諸国にも知られていましたから、どの国も、流入を阻止しませんでした。そこには、困っている人間を助けるというムスリムの相互扶助の精神が働いたことは確かです。どの国も、進んで難民を受け入れようとしたわけではありません。西欧世界の人には分かりにくいことですが、ヒューマニズムの精神から難民を受け入れるという感覚とは違うのです。故郷で生きていくことが困難なら、たとえ国境を越えてでも安全な場所に移って家族を守るのは当然だという感覚です。困っている人には優しくしてやれというイスラームの教えどおりに、軒を貸したというところでしょうか。

　実態として多くの人が、国際機関や赤新月社、そしてNGOが用意した難民キャンプに入るよりも、街の中に小さな家を借りて、家族が肩を寄せ合って暮らしていました。働ける者は、親でも子でも、とにかく働いて小銭を稼いで糊口をしのいだのです。

　このことを覚えておかなければなりません。とにもかくにも、レバノンも百万人、ヨルダンも百万人、トルコが四百万人を受け入れたのです。

　二〇一五年、トルコにいた難民たちが、続々とエーゲ海を密航し、ギリシャに渡ります。中部ヨーロッパを通り、ドイツに向かったのです。彼らの「希望の旅路」は、途方もない苦難の旅路でした。密航業者に金を払い、深夜にトルコの浜辺をボートで出発し、運よくギリシャ領の島にたどり着けば、難民保護に積極的だったEUに入ることになります。彼らはレスボス、キオス、サモスなどの島からギリシャ本土に移送され、その後、陸路でマケドニア（今は北マケドニア）、セルビア、ハンガリー、オーストリアを経てドイツに至ったのです。

　しかし、二〇一五年の夏に密航が活発化すると、ハンガリーはセルビアやクロアチアとの国境に有刺鉄線のフェンスを張って通過を阻止してしまいました。その後、難民たちはハンガリーを迂回して、セルビアからクロアチアへ、さらにスロベニアからオーストリアを通ってドイツに向かうことになりました。この旅はすべて難民たち自身の所持金でまかなわれたのです。エーゲ海で命を落とした人の数は何千人にもおよぶとみられています。

その年だけで、ＥＵ域内に入った難民は約一三〇万人に達しました。そこには、シリアだけでなく、アフガニスタンやイラクから逃れた人びとも合流していました。それどころか、アフリカ諸国からも、一旦、トルコに入って、ヨーロッパを目指した人が大勢いたのです。彼らが、すべて難民条約で規定された難民だったかというなら、そうではないと思います。自国での生活ではまったく将来の展望が開けない若者たちが、シリアからの途方もない難民の流出にあわせて国を出ていくことになりました。

ヨーロッパの市民は、実際に何が起きているのか、理解できませんでした。突然、畑の中を見ず知らずの集団が歩いてきたのです。言葉も通じませんでした。彼らが中東での内戦を逃れた人であることは報道を通じて知ったのです。

最初のうちは、苦難を逃れた難民たちを歓迎するムードもありましたが、すぐに、難民が多すぎるという不満が噴出しました。その難民や移民の多くは、ムスリムです。

もともと、ドイツ、フランス、オランダなど西ヨーロッパ諸国には、一九六〇年代から多くのイスラーム教徒が移民として暮らしていました。受け入れた国の側も、働きに行った人の側も、「出稼ぎ」のつもりで、その後何十年にもわたって住み続けることになるとは考えていませんでした。しかし、移民たちの母国の経済発展が思うように進まず、ヨーロッパでの所得、医療、教育そして社会福祉制度が母国に比べてはるかに高かったため、定住するようになります。

子どもたちがヨーロッパの学校に通うようになっていくと、帰国という選択は難しいものになっていきました。子どもたちにとって、母国は休暇のときに訪れる場所になっていたのです。さらに、最初に移民した人たちは一九九〇年代あたりから、退職の年齢に差し掛かります。彼らにとってはヨーロッパ諸国で年金を受け取り、高度な医療の恩恵を受ける方が合理的な選択でした。そして、ムスリムに共通のことですが、家族の絆を非常に大切にするので、子どもや孫と別れて帰国することは難しくなっていました。

一方、ヨーロッパ社会の側では、二〇〇一年に起きた九・一一のテロ事件後、自分たちの隣人がテロリストではないかと疑う人が増えていきました。なかでも、大きな変化はオランダのように、福祉国家で多様性に寛容とみられていた国で起きました。オランダでは、九・一一の直後からムスリムに対する暴力事件（ヘイトクライム）が急増しました。スカーフやヒジャーブで頭部を覆っている女性たちが罵声を浴びせられ、唾を吐きかけられ、被り物を奪われるなど、ムスリム女性の尊厳を傷つける犯罪があっという間に増えたのです。

ムスリムの女性がヘイトスピーチやヘイトクライムの対象になると、親族の男性は激高します。そうなると、一層、彼女たちに対する家父長的な支配を強めることになります。これでは、ムスリム移民の社会が孤立してしまいます。ムスリムの側が一方的にヨーロッパ社会とのあいだに壁を築いたのではありません。アメリカで起きたテロ事件がきっかけとなって、ヨーロッパ社会による差別とそれに対抗するムスリムとのせめぎ合いが生じ、その相互関係のなかで、結果としてマイノリティのムスリムが孤立していったのです。

それまで、ヨーロッパ諸国のなかで、移民に対する差別が少ないと思われていた国の急激な変化は、私にとっても衝撃でした。多くのオランダ人が、イスラームは暴力的な宗教だとして敵意を向けるようになっていたのです。私が深く考えさせられたのは、このイスラーム嫌悪がオランダ独自の多文化主義と深く結びついていたからです。オランダは、異文化に寛容な多文化社会でした。この多文化主義は、他者の文化、他者の価値観に干渉しないことの上に成り立っていました。干渉すると喧嘩になるのは明らかですし、実際、オランダでもキリスト教のプロテスタントとカトリックが長いこと争った末に、不干渉を守るようになったからです。

二〇世紀の後半から、ムスリムの移民が暮らすようになっても、オランダ社会は彼らの宗教に干渉せず、モスクやイスラーム学校をつくることも権利として保証しました。そのためムスリムたちも、自分たちの信仰にもとづくコミュニティをつくることができたのですが、その分、かたまっていくようになりました。そして、九・一一の衝撃で、オランダ社会がイスラームに嫌悪と恐怖を深めたとき、集団としてかたまっていたムスリムに敵意を向けたのです。

他のヨーロッパ諸国にも九・一一は大きな衝撃となり、イスラーム嫌悪が広がっていきます。それは、ヨーロッパ共通の病となりましたが、ムスリムに対する敵意の向け方は、各国の国家と宗教の関係によって異なっていました。オランダは、宗教ごとのコミュニティが共存するかたちをとっていたために、ムスリムのコミュニティ全体が攻撃の対象となりましたが、隣のドイツは、オランダとは全く異なります。

ドイツは、日本ではあまり知られていませんが、政教分離を徹底していないのです。キリスト教団体には特権が与えられていますし、政党がキリスト教を名乗ることができます。オランダでも、党名にキリスト教を冠する政党はありますが、キリスト教だけが特権的な地位にあるわけではありません。

ドイツの場合は、キリスト教の国と言ってもよいほど、教会は歴史的に特別な地位にありました。もちろん、キリスト教と無縁の生活をしても差別されることなどありませんが、キリスト教は、一つの価値として存続しているということです。ただし、オランダと違って、やはり二〇世紀の後半にドイツ社会に加わったイスラームにも同等の立場や権利を与えるかというなら、キリスト教が実態として特別な地位にあるドイツでは、それはあり得ませんでした。ですから、ムスリムの移民がイスラームを軸にして生きていこうとすると、彼ら個々に対して「ドイツにいるはずのない人」という態度で接するようになっていったのです。一言で言えば、ムスリムは、もともとドイツに居場所がなかったのです。

二〇一五年の難民危機で、ヨーロッパの苛立ちは一気に高まります。難民に対する人道的な保護は、もともと第二次大戦後にヨーロッパで発生した難民を保護するための難民条約に基づくヨーロッパ共通の原則ですから、彼らを排除することはできません。難民危機に際して、ドイツのメルケル首相が強いリーダーシップを発揮して、シリア難民を受け入れる責任があると言明したことは、EUに非常に深刻な亀裂を生み出しました。

メルケルの発言は良心的なものでした。そして、ドイツ基本法（憲法）は、どの国の人であっても、迫害を受けた人がドイツに庇護を求めることができると定めていますので、首相としては当然の発言でもありました。しかし、最初に多くの難民が通過したハンガリーは激しく反発しました。ドイツのメルケル首相が、EU諸国の理解を得ずに難民受け入れを決断したからです。難民の通過ルートをみると、ドイツに到達する前にいくつもの国を通ります。これらの国では、何が起きているのか分からないうちに、メルケルの発言を聞いた難民が殺到してしまったのです。

そのころトルコにいた私は、じかに話をしたほとんどの難民が「メルケルが自分たちを受け入れてくれると言っている、だからドイツを目指すんだ」と興奮して語っていたのを覚えています。難民はスマートフォンを持っていましたし、使いこなしていました。彼らにとって、唯一の情報ツールがスマートフォンでした。メルケルの発言は、新聞でもラジオでもテレビでもなくSNSによって、瞬く間にすべての難民に共有されたのです。

しかしドイツ国内にも、難民に対する厳しい反発が沸き起こります。それは、直接、難民一般をターゲットにするのではなく、ムスリムを狙い撃ちにするかたちで現れました。「ヨーロッパのイスラーム化に反対する愛国的ヨーロッパ市民（ＰＥＧＩＤＡ）」という名の市民団体が結成され、「ドイツのための選択肢（ＡｆＤ）」という政党ができて、二〇一七年の連邦議会選挙で躍進しました。この政党は、明確に反イスラームを掲げ、ドイツ社会からイスラームを消し去ることを訴えていました。

このようなムスリム排除の主張が、かつて、ユダヤ人の身に起こしたことと同じ根をもっているのではないのかと疑う人は、今のドイツには少なくなっています。第二次世界大戦後、あれだけナチスの再現を許さないという決意で歩んできたドイツ社会は、相手がユダヤ人からムスリムに代わった途端、排除の主張を禁じることがなかったのです。オランダでのヘイトクライムの増加とは別の意味で、私は衝撃を受けました。

ドイツだけではありませんでした。多くのヨーロッパ諸国で、自分たちの価値観に従わないのなら「ヨーロッパにはイスラーム教徒の居場所はない」と主張する人が急激に増えていきました。各国で、ムスリムの排除を主張する政党が急速に力をもち、女性の被り物を規制する法律が制定されました。

ムスリム女性の被り物には、髪の毛だけを覆うスカーフ、喉元やうなじも隠すヒジャーブ、目だけを出すニカーブなど、いろいろありますが、フランスはかなり厳しく規制し、他の国はニカーブ以外は認めるなど、対応は分かれています。それよりも、なぜ、これを規制するかが問題です。

フランスの場合は、世俗主義の国家原則というものがあって、宗教的なシンボルを公の場で身に着けてはならないというのが表向きの理由です。二〇一〇年には、「ブルカ禁止法」という法律まで制定して厳しく規制しました。ブルカというのは、アフガン女性の被り物のことですが、フランスでこれを身に着けていたムスリムの女性はほとんどいません。

女性の被り物は、たしかにイスラームの規範で、性的な部位を覆えと記されているところから来ています。コーランには、どこを隠すかについて明解な規定がありませんが、イスラーム法学者の一致した見解では、顔と手首から先を除いて隠しなさいということになっています。この規範に従う女性は、当然のことながら覆い隠している部位に羞恥心を感じることになります。つまり、髪の毛や喉やうなじを、外で家族以外の異性の視線にさらされることを嫌がります。問題はここなのです。

フランスは、ムスリム女性の被り物を「イスラームのヴェール」と一言で括ってしまいます。宗教的なシンボルだから禁じるというのですが、身に着けている当人にとっては、宗教的規範であると同時に、女性として羞恥心の対象となっているわけですから、それを脱げと言われるのは強い抵抗があります。女性としての尊厳を傷つけられるのです。

フランスは、すでに三十年もこの問題でムスリムと争ってきました。ヴェールこそ、女性の権利の侵害であり、ヴェールを脱がないと女性は自由になれないというのがフランスの主張です。もちろん、ムスリムでもフランスの世俗主義を受け入れている人はいます。彼らは頭部を覆う女性たちを「遅れた人間」あるいは「啓蒙されていない人間」と見下しがちなのですが、それによってフランス社会の側は、どうしても、世俗主義を受け入れたムスリムは良い人間だが、拒否するムスリムは悪い人間だと区別してしまいます。そのため、フランスのムスリム社会自体が分断され、さらに、世俗主義のおかしさを確信したムスリムとフランス共和国とが分断されることになりました。

二〇二〇年になると、フランスのマクロン大統領は、この二分法をさらに推し進めて、世俗化したムスリムは危険のない人間だが、世俗化を拒むムスリムは危険な分離主義者だとして非難するようになりました。こうなると、ヒジャーブを身に着けている女性は、テロリストと同一視されることになります。

移民社会というのは、さらに難しい問題があります。誰でも、住んでいる国とは諍いを起こしたくないのが普通です。被り物など身に着けないムスリムは、「良いムスリム」と扱われるはずなのですが、実は、出自の民族や人種によって差別を受けることも少なくありません。差別がなくて、本当に、「自由・平等・博愛」の国だったのなら、たとえムスリムの被り物に違和感を覚えるフランス人が多かったとしても、ここまで分断が深まることはなかったでしょう。

アメリカでも二〇一六年、トランプ大統領が就任するとすぐに、イスラーム教徒に対して差別的な入国制限を打ち出しました。こちらは、フランスのような原理的な問題ではなく、安全保障上の脅威になる国からの入国規制ということでしたが、実際には、ムスリムの国が対象になったため、露骨なムスリム差別として批判を集めました。ただしこのとき、サウジアラビアやアラブ首長国連邦のように、親米的で、アメリカ製の兵器を大量に買い付けていた国は対象にならなかったのです。しかし、九・一一の実行犯の多くは、サウジアラビア国籍でしたから、トランプ政権の入国規制はアメリカ国内からも恣意的な差別だと批判を受けました。

こうなると、イスラーム教徒の側も反発を強めます。難民に紛れ込んだ過激派や、ヨーロッパ社会に不満を持つ移民の若者が、二〇一五年以降、多くのテロ事件を起こしました。二〇一五年のパリでの大規模な同時多発テロ事件を始め、ブリュッセル、ニース、ベルリン、ロンドンなど、ヨーロッパ各地で多数の犠牲者を出すテロ事件が相次ぎました。ヨーロッパ社会の側が、難民あるいは移民の流入に強い懸念を抱くようになったのは当然の結果でした。しかも、多くの事件の容疑者がムスリムであったことで、もはやイスラームと西欧世界との断絶が修復しがたいレベルに達してしまいました。

しかし、ヨーロッパに渡った人たちに限らず、世界中のムスリムは、欧米諸国による戦争が、アフガニスタンやイラクの市民を巻き添えにして、多数の犠牲者を出したことを忘れていません。アメリカやEUが、パレスチナのガザを支配するハマスをテロ組織に指定したため、ガザが十五年にわたって封鎖されてきたことも忘れてはいません。シリア内戦を止めるために手を打たなかったこと、イエメン内戦ではサウジアラビアとアラブ首長国連邦がアメリカ製の兵器を使い続けて、子どもたちにも多大の犠牲を強いたことを忘れてはいません。そしてさらに、西欧社会がイスラームという彼らの信仰を嫌悪し、見下してきたことも忘れていません。

関係は再建できるか?

二〇二一年に入って、アメリカとNATO（北大西洋条約機構）諸国は、アフガニスタンから軍を撤退させました。イスラーム勢力のタリバンが勢いを増し、八月十五日、ついに首都カブールを制圧しました。九・一一同時多発テロ事件の直後に始まったアフガニスタン侵攻は、二十年を経て失敗に終わりました。これで、アフガニスタンから、多くの人びとが流出することは確実です。

タリバンが政権を掌握し、アフガニスタン・イスラーム首長国の成立を宣言してから、欧米諸国は厳しい批判を浴びせ続けています。多様な民族構成のアフガニスタンで、インクルーシブ（敵対勢力も取り込んで多様性を確保すること）な政権をつくれ、女子教育を禁止するな、女性の人権を守れ、選挙など民主主義の制度を実現しろ……

ここで、少し立ち止まって考えてみるべきだと私は思います。タリバンがアフガニスタン全土を制圧したのは、第一に、アメリカがアフガニスタン政府（旧政権）の頭越しにタリバンと撤退交渉をした結果です。この撤退交渉はタリバンが求めたのではなく、アメリカのトランプ政権が持ちかけたことです。外国軍を撤退に追い込むことが唯一の目標だったタリバンには、交渉を通じて失うものはありませんでした。対するアメリカは、多額の戦費を費やしながら、ほとんど戦果をあげることができませんでした。アメリカ・ファーストを掲げるトランプ大統領は、実利を取ってアフガニスタンからの撤退を決めたのです。

そして第二に、ガニ大統領は、戦うことも和平協議をすることもなく国外に逃亡してしまいました。この政権は、部族や軍閥の寄せ集めでした。欧米諸国が出した巨額の資金は、彼らの懐に消えていたのです。そもそも、アメリカの統治は、アフガニスタンに国民国家をつくりだすことができませんでした。国民として共通の目標を持てなければ、人々は自分が属す小さな集団の利益のためにしか動きません。つまりアフガンでは、政府も治安機関も機能していなかったことになります。その結果、あっけなくアフガニスタン・イスラーム共和国は崩壊してしまったのです。

したがってタリバンが政権を握るに至った責任は、アメリカとガニ政権にあります。タリバンは武装闘争を続けましたが、二〇二一年八月十五日にカブールを掌握するまで、ほとんど戦闘らしい戦闘は行われていません。政府軍は、米軍が撤退を開始した五月以来、そもそもタリバンと戦う意欲を持っていませんでした。それでも、アフガン政府軍を責めることはできません。彼らもアフガン人なら、タリバンもアフガン人です。アメリカは、いつかは去るのです。アフガン人同士で殺し合いを続ければ、アメリカが去った後、必ず、ひどい内戦に陥ることになります。社会には、あまりに深い傷が残るだけでした。政府軍の兵士が武器を置いて戦わなかったのは、アフガニスタンにとって正しい選択だったのです。

欧米諸国は、アフガニスタンでの戦いに敗れたのです。敗れた側が、その後に成立したタリバン政権に向かって、あれをしろ、これをしろと命じるのは筋が通りません。彼らは、つい先日まで、侵略者であり、占領者であった側なのです。もちろん、私は民主主義を支持しますし、女性の権利を奪うことを容認する気などまったくありません。ただし、ようやく政権を取ったタリバンに、たとえば敵対勢力を取り込めというのは無理があります。もともと、タリバンは民族主義を拒否していますので、いずれタリバンに多いパシュトゥン人以外も政権に加わるはずですが、政権の座についてひと月もたたないうちに、敵も取り込む融和策を要求するのはどうかしています。

女性の人権や女子教育について言えば、タリバンはイスラームに則って統治することを絶対の原則にしていますから、シャリーア（イスラームの法体系）の枠組みのもとで、これらを規定します。欧米諸国は、最初から自分たちのジェンダー平等を要求していますが、少しは、相手の論理を知らなければなりません。イスラームには、西欧世界でいうジェンダー平等の観念は全くないのです。タリバンも一貫してそう主張しています。もっとも、イスラームに女性の人権という概念がないわけではありません。イスラームにもとづくなら、男性と女性との性的役割分業があり、基本的に、男性が奉仕する側、女性が奉仕される側と規定されます。

そのため、過剰に男性が女性を保護しようとするので、私たちが考える男女平等とは異なり、男性の保護下でしか女性が動けない（働けない）ということがしばしば起こります。これは、あまりに家父長的な男女観です。私はムスリムではありませんので、これをそのままにしてよいとは思いません。ただし、女性に行動の自由や社会参加の自由を認めるよう求めるのであれば、ジェンダー平等こそ絶対の規範だと主張しても相手には通じないことをふまえたうえで要求しなければなりません。

タリバンは女性の尊厳を重視しています。それなら、女性を男性の監視下におかずに尊厳を守るにはどうしたらよいかを考えることです。たとえば、公共交通の男女別車両の設置、防犯カメラの増設。まずは、こういうことから協力を進めることで、女性が安心して外に出られる社会をつくることに貢献できるはずです。これまで西欧世界は、イスラームを下に見るか、遅れたものとみなしてきましたから、自分たちの規範に従うのが当然だと思い込んできました。しかし、その日は来ないのです。

女子教育について、タリバンは全く否定していません。西欧世界は、この点もほとんど理解していませんが、イスラームには女性に教育は不要という考えは全くありません。ただし、この二十年にアメリカやヨーロッパ諸国がアフガニスタンで推し進めようとした教育は、西欧的な価値観に基づいている部分がありました。タリバンは、まずそれを一掃しようとしているのです。

そのうえで、イスラーム的な女子教育の実現を図るつもりですが、それにはインフラが整っていません。まず、二次性徴後の男女の共修は認めないので、教室、学校を男女別学にする必要があります。さらに、女子教育には女性教員を確保しなければなりません。女性教員の確保が必須とすれば、女性の高等教育が必須ということになります。小・中学校レベルの女子教育がなければ、大学レベルの女子教育もあり得ませんから、タリバンが女子教育を否定することはあり得ないのです。付け加えれば、女性が男性の医師や看護師に肌を見せることもあり得ません。そのため、女性看護師や医師の養成が必要不可欠であることをタリバンはもちろん理解しています。

しかし、これらの人材養成とインフラの整備には時間がかかります。ここで、欧米諸国や日本がするべきことは、彼らの言う女子教育を支援する以外にありません。私たちの望む女子教育とは違うから支援しないというのなら、アフガニスタンの女性は教育の機会を奪われることになります。

日本の明治維新のように、西欧を先進世界、文明世界ととらえて、西欧文明を吸収することで近代化を図るという発想は、タリバンには微塵もないのです。彼らにとって西欧というのは、アフガニスタンを破壊しようとし、アフガン人の信仰（イスラーム）を否定しようとした存在です。実際、過去二十年にわたって、武力でタリバンを掃討しようとしていたのはアメリカとヨーロッパ諸国でした。その前にアフガニスタンを侵略したのは、無神論で共産主義のソ連だったのです。

もう一つ、より重要な相違は民主主義に対する見方にあります。タリバンは、民主主義を拒否します。まず、これはタリバンの言い分ではなく、イスラームがそうなっているのですが、主権というものが人間の手にあるとは考えません。主権をもつのは、アッラー（神）だけです。「そんな馬鹿な」と思う方は多いでしょう。実際、トルコやインドネシア、そしてマレーシアもそうですが、ムスリムが多数を占めていても、民主主義を追求してきた国はあります。しかし、イスラームの原理に忠実に従うと、民主主義とイスラームは両立しません。

以下はタリバンの主張ですが、国民が主権をもつ民主主義というのは多数決の原理で運営される。多数を占めた者が法を制定することができる。法というのは、善悪、正邪の別を示す規範である。その法を民主主義のもとで運営すれば、善悪や正邪は、多数派の手に握られることになるってしまう。これはおかしいというのです。善悪と正邪だけは神の規範に基づかないと、人間が、地域や時代によって、これを恣意的に変えてしまうではないか、そんなことがあってはならないということです。

ですから、タリバンが民主主義を拒否すると言っても、それは西欧でいう全体主義のことではありません。全体主義は、所詮、人が国家と体制を支配することであり、国家が魔物になってしまうのですから、タリバンは勿論、これを拒否します。イスラームの場合、規範がコーランや預言者ムハンマドの生前の言行に遡れる場合は、必ずそれに従いますが、それ以外の事象については、典拠から導き出すか、イスラーム学者の合議で決めることになっています。つまり、学者の統治ということになります。それも、一人の学者が好きに物事を決められるというのではなく、首長の下にイスラーム学者から成るさまざまな助言組織を置いて、そこでどの選択をするかを議論することになります。

これで政府が成り立つのか、私も疑問に思います。多様な行政の分野をすべてイスラーム法学者の議論と判断を待って運用できるのでしょうか。しかし、ことここに至っては、それをタリバンの手に委ねる以外に方法は残されていません。繰り返しになりますが、西欧の規範、価値、制度に従えと言っても、戦争と占領によって、それを拒否する方向に仕向けたのは欧米諸国の側なのです。

戦争という暴力と、イスラームを遅れたものとみなす優越感。この二つが、イスラーム教徒の激しい反発を招き、二十年のあいだに、西欧とイスラームの関係を破綻させていったのです。もはや、両者の関係を再構築するのは容易ではありません。

しかし、それでも一つ可能性があるとすれば、西欧とイスラームという二つの巨大な文明のあいだには根本的な違いがあり、相手を力でねじ伏せることはできないという前提に立つことです。

そこで必要になるのは、いわば「文明間の講和条約」というものです。土台となる原理が異なると、価値の体系も異なります。その上に構築される法も制度も異なります。そのなかには、人権や自由のように、西欧にもイスラームにも存在はしても、意味が異なるものがあります。そして、民主主義や世俗主義のように、一方には存在しないものもあります。

両者に存在する個人の自由について考えてみましょう。イスラームと西欧、どちらにも自由の観念はあります。しかし、その意味するところが違うのです。一言で言うなら、西欧の自由は神から離れることによって得た自由、イスラームの自由は神と共にあることによって得られる自由です。西欧世界で長いこと個人の自由に規範と制約を課してきたのはキリスト教会であり、キリスト教そのものでした。しかし、人は教会に縛られることを拒み、結果として、神によって示された道徳的規範からも離れていきました。近代の西欧は、国によって程度の差はあるとはいえ、それを個人の自由としたのです。その結果、積極的に神を否定する無神論さえも認められることになります。

しかし、イスラームの側には人間を縛る教会組織が存在しません。あるのは、個々の人間と神との契約だけです。その契約によって、ムスリムは神の示した規範に従うことでムスリムとなるのです。当然、規範に従わないこともあります。神との契約のなかで、これだけは絶対に踏み越えるなと命じられていることを破った場合には、身体に科す罰が定められています。それ以外のやるべきでないとされることをした場合には罰の定めはありませんが、最後の審判で罰を受けます。善悪がコーランやハディース（預言者ムハンマドの言行を記した書物）に記載されていなければ、する、しないは自由です。推奨されていることをしない場合も最後の審判での減点対象ですが、していれば神によって褒賞が与えられるとされます。やるべき義務とされることをしない場合、する場合も同じです。つまり、ほとんどの場合、現世では罰を受けないのです。

神は人間に義務から禁止までを示したわけですから、その約束を破らない限り、何をしても自由です。しかもキリスト教と異なり、イスラームは必ずしも禁欲を推奨しません。人に備わる欲望も、神の定めたルールの範囲でなら楽しんでよいということになっているので、自由というものに神のお墨付きが与えられていることになります。こうなると、神と共にある自由を人は存分に楽しむことができます。それは、ある種、気楽なものであって、自由に伴う虚無感や孤独とは無縁です。

西欧は神の存在を前提にしない自由、イスラームは神の存在と切り離せない自由ですから、両者には接点がありません。接点がないものを、どちらかに妥協しろと迫っても無理です。したがって、互いに干渉しないことを合意しなければならないのです。国家という枠組みの中で両者が共存するには、異なる自由の併存を認める必要があります。国が異なる場合には、相互に干渉しないことを取り決めなければなりません。

先に、タリバンが民主主義を拒否する理由を手短にまとめました。現実のイスラーム世界には、なんとか民主主義と折り合いをつけて国家を運営してきた国と、サウジアラビアやアラブ首長国連邦、カタール、クウェートのように民主主義とは無縁の専制国家とがあります。アラブ世界の産油国は、西欧世界にとって経済的に重要だったために、国家のあり方について干渉されることはありませんでした。これも不可解な話です。西欧世界は、アフガニスタンやトルコには、民主化を口うるさく主張してきたのに、相手が石油資源を持っていると不問に付してきたのです。

「文明間の講和」を結ぶことは、こういうダブルスタンダードを止めることと同義です。これまで、西欧世界は、イスラーム世界に対して、あからさまなダブルスタンダードを使い続けてきました。これを止めない限り、ムスリムの西欧に対する不信感を払しょくすることはできません。

文明間の講和に向けて

最後に、世俗主義について述べておきます。西欧世界では、国家の行政、立法、司法などの領域にはキリスト教会が干渉できないことになっています。これを世俗主義と言います。政教分離は、そのなかの一つ、政治と宗教の分離を指しますが、英語で言うときは、separation between church and state ですから、組織としての教会と国家を切り離すことを意味します。これも、西欧世界の近代化の過程で、おおむねどの国も受け入れた原則です。ただし、分離の程度は国によって違いがあります。先にも触れたように、フランスは最も厳格に分離させましたが、ドイツはさほど厳格に分離させていませんし、イギリスには国教会があります。

とはいえここでも、イスラームとは決定的な違いがあります。イスラームには聖俗分離の観念がないのです。聖俗不可分の宗教と言ってもいいでしょう。ですから、西欧近代国家をまねて国造りをしても、どこかで無理が出てしまうのです。特に、家族法などの領域、結婚や離婚、相続などについてイスラームは規範を示していますので、それと違う法規範を国家が制定すると、なかなか国民は納得しません。

場合によると、国の法律とイスラームの法が一致しないまま併存して使われていることもあります。トルコは、イスラーム世界のなかで、最も厳格な世俗主義を採用した国です。そのため、コーランでは認められる一夫多妻はトルコでは認められません。しかし、現実には、イマーム（イスラーム指導者）が認証した結婚というかたちで、複数の妻と婚姻関係にある男性が存在します。しばしば、離婚や相続で国家の法律と矛盾が生じて揉めることがあります。それでも、イスラームの規範を完全に消し去ることはできなかったのです。

西欧からみると、かつてはキリスト教会が権力を行使して、しばしば国家と対立してきましたが、その後、国家の世俗権力が教会の宗教権力を抑え込んできました。そのため、世俗主義の成立そのものが、「進歩」の歴史となります。この点で、イスラームとはまったく一致しません。イスラームでは、あらゆる規範は千四百年前に預言者ムハンマドがアッラー（神）の啓示を受けた時点に下されたのであって、その後、人の手でそれを変えることができないからです。

西欧が、「だからイスラームは進歩がない」と批判することはできますが、その批判は、イスラームにとって何の意味もありません。人間が規範を変え、それを「進歩」ととらえる発想そのものがないからです。もちろん、西欧の近代思想を受け入れたムスリムは、そうは考えません。イスラームも進歩して当然だと言う人もいます。しかし、そういう考え方が、イスラーム世界の主流となったことはありませんでしたし、現在でも主流になっているとは言えません。

文明間の講和というのは、人間社会というものが「進歩」するという前提に立って、イスラームの社会を「何百年前のヨーロッパと同じだ、この国はようやく追いついてきたけれど、あの国は進歩が止まったままだ」などと自分たちの尺度で判断するようなことは決してできないと了解することなのです。

このように言うと、西欧世界にばかり要求しているように思われるかもしれません。それは、西欧が圧倒的な力によって、軍事でも政治でも経済でも、また思想においても、イスラーム世界を支配しようとしてきたからです。

ただし、講和というからには、イスラーム世界に対しても求めることがあります。それは、第一に、自分たちの信仰体系をつくっている原理は、近代以降の西欧世界には通用しないことを理解することです。近代以降の西欧世界が獲得してきた価値の体系は、多くの部分でイスラームとは一致しないことを知ることです。ムスリムは、しばしば不道徳なものとして目を背けますが、神を必要としなくなった人には、実際、宗教が示す正邪や善悪が通用しないことはよくあります。

実際、分かっているようでいて、このことを理解していないムスリムはかなり多いはずです。同時に、イスラーム世界の側も力（暴力）の行使によって、西欧世界に反撃するジハードを止めなければなりません。これは、講和の第一の条件になります。さらに、西欧世界では集団的な「宣教《ダアワ》」は不可能であることも自覚しなければなりません。フランスのミシェル・ウェルベックという作家が、フランスがイスラーム化されたらこうなるという小説『服従』を書いています。ムスリムは、フランス人に限らず、欧米諸国の市民が似たような恐怖をイスラームに対して抱いていることを知る必要があります。

西欧社会の人がイスラームに改宗すると、しばしば難しい問題が起きます。生まれながらのムスリムには身についている寛容を伴わないことです。世俗的な西欧社会に生きていて、あえてアッラーへの全面的な服従を約束するのですから、起きうることですが、周囲の社会との間に高い壁を築くことになりがちです。

本来、信仰はどこか一部を選び取るものではありません。コーランのなかでアッラーは「無理強いしてはならない」と繰り返しています。信仰の正しさや敬虔さを他人に誇ることはできないはずです。西欧社会がイスラームに対して最も警戒するのは、この「押しつけがましさ」なのです。

現実のムスリムには、ダメと言われたことでもやってしまう人はいくらでもいます。ダメな信徒と決めつけては処刑する「イスラーム国」のやり方が、多くのムスリム自身からも嫌悪され、拒絶されたことを顧みなければいけません。ムスリムに妥協を迫るつもりはありません。世俗主義を受容せよと言うのでもありません。現実のムスリム社会に存在する、ある種の「いい加減さ」は、真面目なムスリムにとっては困った問題でしょう。しかし、世俗的な世界を生きる人間にとって、その「いい加減さ」こそ、ムスリム社会がもつ寛容な面として立ち現れてくるのです。純化への道をひた走りしてしまうと、西欧世界との講和は永遠に成立しません。

市民レベルの「講和」は、国家間の条約のような硬く細かい条件を必要としません。あたりまえのことですが、西欧世界の人間が多様であるように、イスラーム世界の人間も多様なのです。

イスラームの教義どおりに生きようとする人もいれば、教義から遠ざかっている人もいます。遠ざかっている人をみて「自分たちの側に近づいてきたじゃないか、それは西欧文明が普遍性をもっているからだ」と思い込まないことが、この市民レベルの「講和」の第一歩です。

そのうえで、ムスリムも西欧世界の人も、土台が根本的に異なる世界に生きる人びとを「否定」と「肯定」という二分法で見ることをやめてしまうことです。「否定」と「肯定」は、同じ原理で構成される世界でしか、言っても意味をなさないからです。

自分たちの価値観とは確かにちがう。でも、そういうものなのだ——ここまで、互いに相手を否定することに慣れてしまった現在、これは難しいことですが、価値の相違に上下をつけないようにすることで、確実に、イスラームと西欧世界との衝突は緩和されていくはずです。

あとがき

この二十年のあいだ、ちょうど十年ごとにイスラームは世界の政治において主要なイシューとなりました。一九七九年のイランにおけるイスラーム革命、一九九〇年の湾岸危機とそれにつづく湾岸戦争、そして二〇〇一年の同時多発テロ事件とアフガニスタン侵攻。イラン革命のとき、私は大学の四年生で伊東俊太郎教授のもとで中世アラビア科学史を勉強しておりました。九世紀から十世紀にかけてアラビア語で書かれた科学書が、その後十二世紀になって中世ヨーロッパに伝わり、近代科学の基礎となったという壮大な文明交渉史に惹かれていました。

それまで近代文明というものを創造したのは西欧世界だったと漠然と信じていた常識が打ち砕かれていったことに知的興奮を覚えました。その数年後には、シリアのダマスカス大学に留学して、乾燥地域での自然と人間の共生の歴史について研究をすることになりました。

十年後の湾岸戦争のとき、私はトルコのアンカラ大学政治学部に客員研究員として滞在しておりました。隣国イラクでの戦争に、トルコ国内も陰鬱な空気が漂っておりました。経済的なダメージもさることながら、一般の人びとのあいだには、イラクのフセイン政権を嫌いながらも、ムスリムの兄弟がアメリカの攻撃で命を落とすことへの怒りと悲しみが渦巻いていました。

そのとき、日本の新聞社などから電話で取材を受けましたが、一から話さなければならないことに気が重くなったことを覚えています。日本の中東研究の質は低くありませんし、さらにその後の十年間で大きな研究プロジェクトも成果を挙げ、イスラームに関する書物も飛躍的に増えています。

にもかかわらず、それから十年経った二〇〇一年九月以来、ありとあらゆるメディアを通じてもたらされるイスラーム、イスラーム世界、イスラーム教徒に関する情報には、ひとつの決定的な視点が欠けているように思えてなりません。イスラームがどういう宗教なのか、イスラームと国際政治の関係はどうなっているのか、そして中東や南西アジアの情勢などについては、この間もほぼ正確な情報が伝わっていました。

欠けていたのは、そういう大きな枠組みに関する知ではありません。ごくふつうのムスリム（イスラーム教徒）が、何を考え、何を愛し、何を憎んでいるのかというイスラームの人間的側面に対する理解でした。一言で言うなら、イスラームに関する知識は増えたかもしれませんが、人間としてのムスリムに対する理解は深まっていなかったということです。戦争で傷つくのは人間であります。国家間のゲームがどう推移するかを予言してみせたり、論じてみることは幾多の専門家やジャーナリストが試みておりました。しかし、私を含めて、非イスラーム教徒にとって必要なのは、ムスリムという人間を知ることではないのか——それがこの本を書いた動機でした。

私自身は、ここ十年ほどのあいだ、西ヨーロッパ諸国に暮らすイスラーム教徒が直面する問題を、彼ら自身の声に耳を傾けることによって研究してきました。このフィールドワークを通じて、人間や社会を類型化したりモデル化したりすることが学問の目的ではありえないことを確信しました。

中世のころの東西文明の交渉史からはじめた私の学問の旅は、いま、イスラームと西洋という二つの巨大な文明間の対話を進めるために何が必要なのかを、人間のレベルに立ち返って検討するところに到達しました。二〇〇一年の八月、東京と京都で国連大学とユネスコの共催で「文明間の対話」国際会議が開かれました。その際に、かつて大学時代に美学の講義を受けた今道友信教授が「対話をするのは文明ではありません、人間です」と述べられました。この一言は、ごくあたりまえのことを、しかし大変重要なことを言い当てております。

イスラーム世界の人びととの対話を通じて、なぜ、この戦争をしてはならなかったのかをできるだけ平易に説き明かそうと試みたのがこの本であります。この一年間、世界においても、私の周辺においても、対話の難しさを痛感させられることの連続でした。対話は、即座に共生や平和をもたらすわけではありません。しかし、対話は少なくとも憎しみや激情による衝突を回避させる効果をもっております。その結果が、共生に向かうにせよ、離別に向かうにせよ、人間どうしの対話が、先入観や偏見の排除に貢献することだけは確実であります。

最後になりましたが、この出版の意図をご理解くださり編集者として有益な示唆を与えてくださった明石書店編集部の黒田貴史氏、一橋大学で私のゼミナールに参加して文明間の対話への模索を続けてきた学生たち、この本の骨子について創立記念日に講演の機会を与えてくださった恵泉女学園大学と荒井献学長、聴講者のみなさんに心から感謝の意を表したいと思います。

二〇〇一年十二月二十五日

（本書は、平成十三年度松下国際財団研究助成による研究成果の一部である）

増補版あとがき

二〇二一年八月三十日、二十年にわたるアメリカとその同盟国のアフガニスタン占領が終わりました。それに先立つ八月十五日、首都カブールにタリバンが入りました。その日から、報道には「タリバン」の文字が溢れていきます。

私は、二十年ぶりにあらゆるメディアに登場したタリバンが、どう語られるのかに注目していました。前回、タリバンが注目されたのは、九・一一同時多発テロ事件の後、アメリカとNATOがアル・カーイダ掃討のためにアフガニスタンに侵攻した時でした。その当時はまだ、イスラームを掲げて国を造ろうとする集団がどういうものなのか、知られていませんでした。そのため、ほとんど九・一一の実行犯であるアル・カーイダと区別されず、一括りにテロ組織扱いされていました。

今回も、タリバンという組織は、例外なく、一九九〇年代の半ばにアフガニスタンで、残忍な統治をした悪魔のような集団として語られています。しかし、イスラームに従った国を造ろうとするタリバンが、なぜ、アフガニスタンの多くの地域で受け入れられたのかは誰も語ろうとしません。そして、アメリカと同盟国が、戦闘機とミサイルで、自由や人権を植え付けようとしたことが、実は、受け入れられなかったことも、誰も語ろうとしません。タリバンは、実際には、何年もかけてアフガニスタン各地での統治を確立していたのです。

本書は、二十年前にアフガニスタン侵攻の危険を訴えた本をベースにして、その後の西欧とイスラームの関係をたどる章を加えた増補版です。二つの巨大な文明の関係は、現在、ほぼ共生が不可能と言ってよいほど悪化しています。共生を困難にした重要なプロセスは、二〇〇一年のアフガニスタンへの侵攻です。

当然のことですが、十六億とも十七億ともいわれるムスリムとは、共に生きていかなければなりません。力で彼らをねじ伏せるのは不可能であることを象徴的に示したのが、アメリカと同盟国の撤退であり、タリバンの復活だったのです。

本書が増補版として復刊されることで、二十年前の戦争がもつ歴史的な意味を改めて考えるきっかけにしていただければ幸いです。本書の刊行には、明石書店の赤瀬智彦氏に大変お世話になりました。記して感謝の意を表したいと思います。

二〇二一年十月

内藤正典

【著者略歴】

内藤正典（ないとう・まさのり）

1956年生まれ。79年東京大学教養学部教養学科（科学史・科学哲学分科）卒業。82年同大学院理学系研究科地理学専門課程中退、博士（社会学・一橋大学）。一橋大学大学院社会学研究科教授（本書初版刊行時）を経て、同志社大学大学院グローバル・スタディーズ研究科教授、一橋大学名誉教授。専門分野は現代イスラーム地域研究。著書に『イスラームからヨーロッパをみる』（岩波新書、2020年）ほか多数。編著書に『「新しい戦争」とメディア――9・11以後のジャーナリズムを検証する』（明石書店、2003年／第2刷 2021年）ほか。

なぜ、イスラームと衝突し続けるのか
――文明間の講和に向けて

二〇二一年一二月一日　初版第一刷発行

著　者――内藤正典
発行者――大江道雅
発行所――株式会社 明石書店
一〇一-〇〇二一 東京都千代田区外神田六-九-五
電　話　〇三-五八一八-一一七一
FAX　〇三-五八一八-一一七四
振　替　〇〇一〇〇-七-二四五〇五
http://www.akashi.co.jp
装　丁――間村俊一
印刷／製本――モリモト印刷株式会社
ISBN978-4-7503-5298-5
（定価はカバーに表示してあります）

トルコを知るための53章
エリア・スタディーズ95　大村幸弘、永田雄三、内藤正典編著　◎2000円

アフガニスタンを知るための70章
エリア・スタディーズ185　前田耕作、山内和也編著　◎2000円

現代アメリカ社会を知るための63章【2020年代】
エリア・スタディーズ184　明石紀雄監修　大類久恵、落合明子、赤尾千波編著　◎2000円

リビアを知るための60章【第2版】
エリア・スタディーズ59　塩尻和子編著　◎2000円

クルド人を知るための55章
エリア・スタディーズ170　山口昭彦編著　◎2000円

イスラエルを知るための62章【第2版】
エリア・スタディーズ104　立山良司編著　◎2000円

オマーンを知るための55章
エリア・スタディーズ163　松尾昌樹編著　◎2000円

パレスチナを知るための60章
エリア・スタディーズ144　臼杵陽、鈴木啓之編著　◎2000円

サウジアラビアを知るための63章【第2版】
エリア・スタディーズ64　中村覚編著　◎2000円

シリア・レバノンを知るための64章
エリア・スタディーズ123　黒木英充編著　◎2000円

現代アラブを知るための56章
エリア・スタディーズ120　松本弘編著　◎2000円

現代イラクを知るための60章
エリア・スタディーズ115　酒井啓子、吉岡明子、山尾大編著　◎2000円

フランスの歴史を知るための50章
エリア・スタディーズ179　中野隆生、加藤玄編著　◎2000円

現代ドイツを知るための67章【第3版】
エリア・スタディーズ18　浜本隆志、髙橋憲編著　◎2000円

地中海を旅する62章　歴史と文化の都市探訪
エリア・スタディーズ172　松原康介編著　◎2000円

ドイツの歴史を知るための50章
エリア・スタディーズ151　森井裕一編著　◎2000円

〈価格は本体価格です〉